经济作物高效栽培技术

薛 丽 宫瑞杰 尹士采 主编

中国农业科学技术出版社

图书在版编目(CIP)数据

经济作物高效栽培技术/薛丽,宫瑞杰,尹士采主编.--北京:中国农业科学技术出版社,2025.3(2025.9重印)
ISBN 978-7-5116-6797-7

Ⅰ.①经… Ⅱ.①薛…②宫…③尹… Ⅲ.①热带林-林业经济-经济发展-研究-中国 Ⅳ.①F326.23

中国国家版本馆 CIP 数据核字(2024)第 085242 号

责任编辑	施睿佳 姚 欢
责任校对	王 彦
责任印制	姜义伟 王思文

出 版 者	中国农业科学技术出版社 北京市中关村南大街 12 号 邮编:100081
电 话	(010)82106631(编辑室) (010)82106624(发行部) (010)82109709(读者服务部)
网 址	https://castp.caas.cn
经 销 者	各地新华书店
印 刷 者	北京中科印刷有限公司
开 本	140 mm×203 mm 1/32
印 张	6
字 数	180 千字
版 次	2025 年 3 月第 1 版 2025 年 9 月第 2 次印刷
定 价	38.80 元

版权所有·翻印必究

《经济作物高效栽培技术》
编委会

主　编：薛　丽　　宫瑞杰　　尹士采
副主编：赵恩来　　王秀娟　　卢德鹏　　卢英进
　　　　周　霞　　张咏梅　　田　虎　　钟召迪
　　　　祝炳政　　赵　岱
编　委：赵永峰　　杨晓生　　宋　艳　　孙　雯
　　　　曲　蕾　　徐　莉　　吉瑞慧　　王　坤
　　　　李金福　　刘　波　　姜　雪　　刘鲁明
　　　　李天岳　　卢星辰　　卢星宇　　仲崇龙
　　　　曲星梅　　梁艳兵　　宋佰联　　王秀雨
　　　　宋　栋　　韩振华　　赵国华　　左海英
　　　　董建春　　宋瑞梅　　孟凡聚　　王文梅
　　　　王砚芳　　林金华　　王金社　　王洪梅
　　　　王晓芹　　赵杨燕　　谭晓庆　　王国胜
　　　　柳帮华　　郑炳杰　　吕　洋　　王欣欣
　　　　鹿晓晴　　王立强　　郝建刚　　张金金
　　　　张进福　　张初韦　　邵泽敏　　陈会升
　　　　王　博　　王教部　　于洪义　　李鑫辉

前　　言

在当今农业现代化快速发展的时代背景下，经济作物的高效栽培已成为促进农民增收、农村经济发展和农业可持续发展的重要途径。为了满足广大农业生产者和经营者对经济作物栽培技术的迫切需求，编者团队精心编写了本书。

本书共分为五章，涵盖了果树、蔬菜、油料作物、中药材、其他经济作物的高效栽培技术，内容全面而系统。在编写过程中，编者团队广泛搜集了国内外最新的科研成果和实践经验，精心选取了 27 种具有代表性的经济作物，深入介绍了它们的生物学特性和栽培管理技术，力求为读者提供一套科学、实用、高效的栽培技术体系。

本书注重实用性和可操作性，力求语言通俗易懂，深入浅出地阐述各项技术要点，使读者能够轻松掌握并应用于实际生产中。

在编写过程中，由于编者水平有限，加上时间紧迫，书中难免存在不足之处，欢迎广大读者提出宝贵的批评和建议。

编　者

2024 年 11 月

目 录

第一章　果树高效栽培技术 …………………………………… (1)
　　第一节　苹果高效栽培技术 ………………………………… (1)
　　第二节　桃高效栽培技术 …………………………………… (6)
　　第三节　梨高效栽培技术 …………………………………… (15)
　　第四节　葡萄高效栽培技术 ………………………………… (25)
　　第五节　樱桃高效栽培技术 ………………………………… (35)

第二章　蔬菜高效栽培技术 …………………………………… (47)
　　第一节　茄子高效栽培技术 ………………………………… (47)
　　第二节　番茄高效栽培技术 ………………………………… (52)
　　第三节　辣椒高效栽培技术 ………………………………… (57)
　　第四节　黄瓜高效栽培技术 ………………………………… (64)
　　第五节　丝瓜高效栽培技术 ………………………………… (75)
　　第六节　豇豆高效栽培技术 ………………………………… (81)

第三章　油料作物高效栽培技术 ……………………………… (87)
　　第一节　大豆高效栽培技术 ………………………………… (87)
　　第二节　花生高效栽培技术 ………………………………… (93)
　　第三节　油菜高效栽培技术 ………………………………… (104)
　　第四节　芝麻高效栽培技术 ………………………………… (109)
　　第五节　向日葵高效栽培技术 ……………………………… (116)

第四章　中药材高效栽培技术 ………………………………… (123)
　　第一节　丹参高效栽培技术 ………………………………… (123)

· 1 ·

第二节 黄芪高效栽培技术……(127)
第三节 金银花高效栽培技术……(131)
第四节 甘草高效栽培技术……(136)
第五节 西洋参高效栽培技术……(142)
第六节 桔梗高效栽培技术……(151)

第五章 其他经济作物高效栽培技术……(158)
第一节 茶树高效栽培技术……(158)
第二节 棉花高效栽培技术……(165)
第三节 山药高效栽培技术……(170)
第四节 甜菜高效栽培技术……(174)
第五节 甜高粱高效栽培技术……(179)

参考文献……(183)

第一章 果树高效栽培技术

第一节 苹果高效栽培技术

一、苹果的生物学特性

苹果为蔷薇科苹果属落叶乔木植物,茎干较高,小枝短而粗,呈圆柱形;叶片椭圆形,表面光滑,边缘有锯齿,叶柄粗壮;花朵较小呈伞状,淡粉色,表面有茸毛;果实较大,呈扁球形,果梗短粗;花期5月;果期7—10月。

苹果喜夏季空气干燥、冬季气温冷凉、年平均温度在7~20℃、4—10月降水量在600毫米的气候,且耐-30℃的低温。沙滩、黏土、砂土须经改良后才能栽植苹果。苹果适宜的土壤pH值为5.7~7。

二、苹果栽培技术

(一)园地选择与规划

1. 园地选择

果园要选择生态条件好、远离污染源、有可持续生产能力的农业生产区域。园地土壤以壤土和砂壤土为宜,土层深度80厘米以上,土壤酸性和中性为宜,土壤肥沃,地下水位1米以下。山区、丘陵地建园坡度以小于30°为宜。建议重茬果园经过2~3

年轮作或处理后再用作新建园地。

2. 园地规划

园地规划包括栽植小区的划分、道路及排灌系统的设置、建筑物（管理用房、工具及农资用房、包装场、配药池等）的安排等，尤其道路的规划要适应果园机械化管理和果品运输的要求。

（二）栽植技术

1. 定植时期

秋栽或春栽均可，实际生产上以春栽为主。

2. 栽植方法

（1）园地深翻。建园时结合施用有机肥进行土壤深翻。

（2）起垄。新建果园定植前起垄，在垄上栽植苹果苗。垄高20~50厘米，上边宽1~1.2米，底边宽1.5~2米。

（3）栽植密度。苹果的栽植密度受品种砧木类型、树形、土壤、地势、气候条件和管理水平等因素的制约。在单位面积栽植株数一定的情况下，行距对光照的影响比株距大得多，生产上一般采用宽行密植，行距不少于3~4米，树体成型后，行间应有1米的直射光。随着生产的发展，市场对果品质量要求越来越高，苹果栽植密度也呈越来越小的趋势。

（三）土肥水管理

1. 土壤管理

苹果园土壤管理的方法主要有清耕法、生草法、覆盖法和化学除草。

清耕法即在苹果园内除苹果树外不种植任何作物，多在秋季深翻，生长季多次全面中耕，保持土地表面疏松和无杂草生长。生草法是在苹果园除树盘外，在行间和株间种植矮生豆科等草种（如早熟禾、黑麦草、白三叶、紫花苜蓿、黑豆、绿豆等）的土壤管理方法。覆盖法是利用各种材料，如作物秸秆、树叶、杂草、薄膜、石子等对树盘、株间甚至整个行间进行覆盖的方法。化学除草就是在果园内不生草、不耕作，只用除草剂防控杂草，秋后进行一次深翻。

2. 施肥管理

施肥方式包括基肥和追肥，基肥以有机肥为主，追肥以速效性化学肥料为主。基肥（包括有机肥料、部分氮磷钾速效肥料和硅钙钾镁肥等中微量元素肥料）以秋施为宜（落叶前1个月）。土壤追速效肥料时期包括萌芽前（3月中旬）、新梢旺长和幼果膨大期（6月中旬）、果实膨大期（7月下旬至8月中旬）和果实采收后（9月中旬至10月中下旬，结合基肥施入），具体施用时期和施用量根据树势确定。

3. 水分管理

在苹果萌芽期、幼果期（花后20天左右）、果实膨大期（7月中旬至8月下旬）、采收前及土壤封冻前进行灌水。采收前的灌水要适量，封冻前的灌水要透彻。灌溉方法主要有小沟交替灌溉、滴灌或微喷灌、水肥一体化等。有通畅的排水系统，确保汛期和地下水位过高的园地排水及时。

（四）树形管理

1. 适宜树形

目前我国苹果栽培生产中采用的树形较多，无论哪种树形均能丰产增收。各地在选择适宜树形时，应根据所选苗木的砧穗组合，当地的气候条件、土壤条件、技术管理水平等因素，做到充分考虑，选用相应的树形和整形方法。例如：矮砧密植园树冠小，宜选用狭长、紧凑的树形，如圆柱形、细长纺锤形；乔砧密植园易形成中冠形，适宜小冠疏层形、小冠开心形、自由纺锤形；乔砧稀植园树冠大，宜采用少主枝、多级次、骨干枝牢固的基部三主枝自然半圆形、主干疏层形、自然半圆形。这样才能选形得当，合理利用光能和土地，充分发挥其生产潜力，取得较好的经济效益。

2. 不同时期的整形修剪方法

（1）幼树期的整形修剪。指从苗木栽植到第一次开花结果的这段时期。该时期的修剪特点是促进树势健壮，轻剪长放多留枝，迅速增加枝条数量；调整骨干枝角度，加速树冠扩大，充分占领营养空间，合理利用光能。

（2）初果期的整形修剪。指从开始见果到大量结果的这段时期，为了早果、早丰，尽快完成整形任务，应该采用"先促后缓、促缓结合、适当轻剪"的修剪方法，使其尽快形成牢固骨架，扩大树冠，增加全树枝量。

（3）盛果期的整形修剪。指从初果期结束到一生中产量最高的时期。此期树体骨架已基本形成，整形任务完成，修剪的主要任务是改善光照条件，调整好花芽、叶芽比例，维持健壮的树势，培养与保持枝组势力，争取丰产、稳产、优质。

（五）花果管理

1. 授粉技术

在主栽品种开花前，从适宜的授粉树上采集含苞待放的铃铛花，带回室内，两花对搓，脱取花药，去除花丝等杂质，然后将花药平摊在光洁的纸上。若果园面积大，需花粉量较多时，则可采用机械采集花粉。

人工授粉宜在盛花初期进行，以花朵开放当天授粉坐果率最高。但因花朵常分期开放，尤其是遇低温时，花期拖长，后期开放的花自然坐果率很低。因此，花期内要连续授粉2~3次，以提高坐果率。

授粉方法主要有人工点授、喷粉、液体授粉、插花枝授粉、蜜蜂授粉和壁蜂授粉。

2. 疏花疏果

在花芽萌动后至盛花前进行复剪，一般壮树花枝和叶枝比为 1∶3，弱树花枝和叶枝比为 1∶4。

疏花疏蕾在铃铛花至盛花期进行，根据不同品种在 15~25 厘米等不同距离留花序 2~3 个，富士品种的距离可大些，嘎啦品种的距离可小些；每花序只保留一个中心花，边花全部疏除。

花后 2 周开始疏（定）果，30 天内完成，一般只留中心单果，多留下垂果，少留或不留斜生果和直立果。生产中多采用间距法疏（定）果。大型果品种留果间距为 20~30 厘米，中型果品种留果间距为 15~20 厘米，小型果品种留果间距为 15 厘米左右。

3. 果实套袋

黄色和绿色品种选用单层透光纸袋，红色品种选用内袋为红色或外灰内黑的双层遮光纸袋。谢花后 30 天左右开始，2 周内完成。套袋前 3 天全园细致喷一遍杀虫杀菌剂。注意晴天套袋应在 10∶00 之前和 16∶00 以后进行。采前 20~25 天去除果袋，先摘除外袋，间隔 5~7 天再摘除内袋。摘袋最好选择阴天进行，或者避开午间日光最强时段，防止日灼。

（六）常见病虫害防治

1. 病害

（1）对于苹果红粉病的防治，应增施有机肥，科学施用氮、磷、钾肥，适量增施钙肥。雨季排水防涝，旱季科学灌溉。多选用苹果套袋技术，摘袋前 1 周，叶面喷施 10% 多抗霉素可湿性粉剂 1 300 倍液，并合理修剪枝芽，增强树体通风性、透光性、干燥性。也可用 3~5 波美度石硫合剂喷雾防治。

（2）苹果黑点病通过黑点病病菌分生孢子越冬传播，防治时，及时清除病僵果，消灭越冬菌源，合理修剪，降低园内湿度。药剂防治时,用70%甲基硫菌灵可湿性粉剂1 000倍液,杀灭越冬病原菌。

(3)防治黑腐病,应做好肥料管理,增强树势,提高苹果抗病力,修枝剪叶,使树体通风透光。清除枯枝、病僵果、落叶,集中销毁。

(4)采收前防治对象以轮纹病、炭疽病为主。为了防止收获后的烂果现象发生,可在收获前15~20天,喷施3%中生菌素可湿性粉剂600~800倍液。

2. 虫害

(1)防治桃蛀果蛾。在果堆下铺3厘米厚的细沙,使其幼虫落于细沙中作茧,待苹果运走后,再处理沙中虫茧。

(2)用干草拧成草绳,绑在树干上,冬季解下烧毁,可消灭绝大多数潜伏在树上的害虫。

(3)防止大青叶蝉产卵。在10月上旬大青叶蝉产卵前,在树干上刷涂白剂,防止成虫产卵。若虫量大,可用10%吡虫啉可湿性粉剂1 500倍液喷杀。

第二节 桃高效栽培技术

一、桃的生物学特性

桃树是落叶小乔木,干性较弱,树姿开张,幼树生长势强,萌芽力和成枝力均强。其芽具有早熟性,年生长周期中可以萌发多次分枝,利用二次枝、三次枝加速培养树冠,并促进枝条转换为结果枝,从而实现2年结果,3年丰产。桃树根系较浅,需氧量较高,主要根群分布在15~60厘米的土壤中,土壤疏松则发根较深,土壤黏重则发根较浅。桃树枝条分为徒长枝、发育枝和结果枝，各类果枝均能结果，但主要结果枝群会因树龄和品种的不同而有所差异。

桃树喜光，光照充足时枝条发育充实、花芽分化好、坐果率高、果实品质优良。它耐旱、耐高温、较耐寒，但怕涝，适宜在土层深厚、富含腐殖质、排水良好、疏松肥沃及保水保肥能力强的土壤上种植。桃树的繁殖方式主要以播种、嫁接为主，也可用扦插和压条法繁殖。

二、桃栽培技术

（一）园地选择与规划

1. 园地选择

平地建园选择交通方便、与当地干线公路相通、土层深厚、砂壤土和水源方便的地区，避开低洼地；山地建园应选在阳坡光照充足地段，坡度以不超过20°为宜。桃树生长适宜的土壤pH值为4.5~7.5。地下水位在1米以下。不宜在重茬地建园。

2. 园地规划

（1）道路。果园的主路要求贯穿全园，一般宽5~7米，干路一般宽3~4米，支路宽2~3米，主要作为人行作业道。山地果园的主路宜修盘山道，干路宽5~7米；顺坡支路为小区左右分界线，宽1~2米。支路可以按等高线通过果树行间，顺坡支路应修建在分水线上，避免被雨水冲塌。

（2）灌排水。栽培设施实施水肥一体化管理的园区，根据作业小区的布置安排灌溉的机井、泵房、主管道、毛细管道和出水口等设备。地势低洼，雨季容易积水的园地要挖排水沟，确保排水通畅。

（二）栽植技术

1. 品种配置

在一个生产果园中，品种不宜过多，应根据不同用途，确定适宜的早、中、晚熟品种比例。大中城市近郊、游览区、工矿区，人口密集和交通运输方便，对品质的要求也较高，宜栽植不同成熟期的水蜜桃品种，以达到延长供应期的目的。远郊区或中小城市，和交通运输条件较差的地方，宜多栽植耐贮运的水蜜桃或硬肉桃品种，以适应远途运输。罐头加工品种的种植，则应与各地罐头加工厂的原料基地相结合，依据加工厂的生产能力，安排不同成熟期的黄肉罐桃品种，达到排开供应、延长生产时间的目的。桃品种中多数为自交结实，但也有花粉不育或自交结实能力差的，因此，需要配置授粉品种。

2. 栽植密度

由于桃树喜光性强，栽植距离应考虑树冠的生长发育情况，如桃树在北方反而比在南方生长势旺盛，树冠较大，行向以南北为宜。在我国南方株行距以4米×4米或4米×5米，每亩40株或33株为宜，山地种植的株行距可适当缩小至3.2米×3.2米，每亩66株。北方以5米×5米或5米×6米，每亩27株或22株为宜。

3. 栽植方法

建园定植前，先根据栽植方式进行规划设计，做出栽植规划图，在地面标明定植位置，然后挖好定植穴。定植穴直径60厘米，深50厘米，表土与底土分开堆放，每穴将腐熟有机肥料20千克，过磷酸钙0.5千克，与表土充分拌和后施入穴底，分层踏实，上部再填入15厘米左右的熟土，填好后略高于畦面5~6厘米，以防雨后下沉凹陷，造成定植过深。

苗木应选用根系好、芽饱满、无病虫害及无机械损伤的健壮苗。先剪短垂直根，修平根系伤口，定植时使接口朝夏季主风向，舒展根系踏实，浇透水。幼苗定植后距地面60~70厘米处剪截定干，其高度因品种和生态条件而异。树姿开张品种在肥水条件良好地区定干宜高；直立品种在风大地区定干宜低。剪口下15~30厘米为整形带，整形带内要有5~9个饱满芽，以便在带内培养主枝。若用芽苗，萌芽前，在芽上方0.1厘米处剪砧；萌动后，及时抹除砧蘖。从萌芽期始至7月，每月浇薄粪水1~2次，促进接芽迅速生长。

(三) 土肥水管理

1. 土壤管理

加强桃园土壤管理，可采用以下方法。

(1) 幼龄果园采用宽行密植，成龄果园通过修剪、间伐等措施打开行间距，行间进行自然生草或人工种草。自然生草春季可选留夏至草、斑种草等，夏季可选留牛筋草、虎尾草等。人工种草可选用毛叶苕子、苜蓿、鼠尾草等。注意生草前2年每亩增施氮肥12千克，每年夏季割草2~3次，覆盖于树盘内。

(2) 行间有机物料覆盖。收集稻壳、秸秆、锯末、树皮、菇渣等有机废弃物，采用微生物菌种腐解处理15~20天，于夏季或秋季覆盖到树盘下，厚度6厘米以上。

(3) 施用微生物发酵有机肥。收集禽畜粪便与秸秆，按7:3的比例（干重）混匀，接种复合微生物发酵菌种，达到完全腐熟，秋季每亩施用3~5米^3，条沟法施入。经济条件较好的桃园也可直接施用商品生物有机肥。

2. 果园施肥

(1) 基肥。宜在9月至11月上旬，于树行内一侧距树干50厘米处用开沟机挖30厘米宽、30厘米深的沟，每株树施有机肥10~20千克，施肥后封土埋平，翌年于另一侧开沟施肥。每3~5年土壤翻耕时，可结合施基肥1次，每亩施有机肥500~1 000千克，在翻耕前均匀撒施，随翻耕埋入地下。

(2) 追肥。在果实发育前期以氮肥为主，发育后期以钾肥为主。追肥一般以速效性肥为主。实施水肥一体化的园区将速效性肥按比例溶入灌溉水中，随灌溉进行，或采用液体施肥枪进行追肥。萌芽前可喷施 0.3%~0.4%尿素 1~2 次；5 月中旬开始，每 15 天喷施 0.3%~0.5%磷酸二氢钾 1 次，采果前 20 天停止喷施。

3. 水分管理

桃园灌水要抓住 4 个关键时期：①发芽前可结合施肥进行灌水；②新梢生长和幼果膨大期只有在特别少雨年份才灌水；③果实膨大期需水较多，但一般正值降雨集中期，除极个别年份外，需注意排涝，以改善土壤供水状况；④夏秋干旱期，中晚熟品种的果实还在继续生长，需要灌水。此外，还要注意排出土壤积水，做好水土保持工作。

（四）树形管理

1. 常用树形

桃树常用的树形有 4 种：①一株一干，又名主干形，适应于行株距为 3 米×1 米或 2 米×1 米，亩均 222~333 株的高密植园；②一株两干，又名"丫"字形，适应于行株距为 3.5 米×1 米~4 米×1 米，亩均 170 株左右的密植园；③一株三至四干，又名开心形，适应于行株距为 4 米×3 米，亩均 55 株左右的稀植园；④一株多干，又名改造形，由栽植多年的稀植园改造而来，能充分利用空间，达到立体结果之目的。这 4 种树形，都具有各自的特点和优势，在桃园实地操作中，要根据地理条件、管理水平、栽植密度、灵活选择最适宜的树形，以达到高产优质之目的。

2. 修剪时期

（1）休眠期修剪。桃树落叶后到萌芽前均可进行休眠期修剪，但以落叶后至春节前进行为好。黄肉桃类品种幼树易旺长，常推迟到萌芽前进行修剪，以缓和树势，同时还可以防止因早剪而引起花芽受冻害。最晚也要在树液开始流动之前完成，否则会造成养分损失，从而对桃树萌芽、开花造成不利影响。个别寒冷地区，桃树采取匍匐栽培，需要埋土防寒，则应在落叶后及时修剪，然后埋土越冬。在冬季寒冷、春季干旱的地区，幼树易出现"抽条"现象，应在严寒之前完成修剪。

（2）生长期修剪。即在萌芽后直到停止生长以前进行。在萌芽后至开花前进行的修剪称为花前修剪，如疏枝，短截花枝、枯枝，回缩辅养枝和枝组，调整花、叶、果比例等。夏季修剪就是利用抹芽、摘心、剪梢、疏枝、扭梢、折枝等技术，控制无用枝的生长，减少其对养分的消耗，改善通风透光条件，有利于培养优良结构的树形，培养高效的结果枝类型，增进果实的品质。桃树夏季修剪的具体时间、次数以及修剪方法，要根据树龄、生长势、品种特性、栽培方式以及劳力等条件而定。

（五）花果管理

1. 保花保果

加强桃园的综合管理，增加树体贮藏营养，保证花芽饱满。花期气温低时对自花不稔的品种进行人工辅助授粉；早春灌水，推迟花期，预防晚霜。在桃树盛花期叶面喷施 0.3% 硼砂。生长期适当控制树势（夏剪或化控），防止营养生长与生殖生长失衡，减少生理落果。

2. 疏花疏果

疏花疏果宜早进行。一般是疏晚开的花、弱枝上的花、长果枝上的朝上花；在容易出现倒春寒、大风、干热风的地区不宜疏花，可早疏果。在落花后 15 天，果实黄豆大小时开始。此时主要疏除畸形幼果，如双柱头果、蚜虫为害果、无叶片果枝上的果，以及长中果枝上的并生果（一个节位上有两个果）；第二次疏果在果实硬核期进行，疏除畸形果、病虫果、朝上果和树冠内膛弱枝上的小果。根据果枝长度确定留果量,花束状果枝或短果枝留1个果,中果枝留2~3个果,长果枝留3~5个果。

(六) 常见病虫害防治

1. 病害

1) 炭疽病

主要为害果实,也可侵染幼梢及叶片。幼果染病:发育停止,果面暗褐色,萎缩硬化成僵果残留于枝上。果实膨大后,染病果面初呈淡褐色水渍状病斑,后扩大变红褐色,病斑凹陷有明显同心轮纹状皱纹,湿度大时产生橘红色黏质小粒点,最后病果软腐脱落或形成僵果残留于枝上。新梢染病:呈长椭圆形褐色凹陷病斑,病梢侧向弯曲,严重时枯死。叶片染病:产生淡褐色圆形或不规则形灰褐色病斑,其上产生橘红色至黑色粒点。后病斑干枯脱落穿孔,新梢顶部叶片萎缩下垂,纵卷成管状。

防治方法:①发病严重地区,因地制宜选栽抗病品种;注意桃园排水,降低湿度,增施磷、钾肥;结合冬剪,彻底清除树上、树下病梢、枯死枝、僵果及地面落果,集中烧毁或深埋。②早春桃芽萌动前喷1次45%晶体石硫合剂30倍液或5波美度石硫合剂加0.3%五氯酚钠。落花后,喷75%百菌清可湿性粉剂800倍液,或70%代森锰锌可湿性粉剂500倍液,或70%甲基硫菌灵可湿性粉剂1 000倍液,隔10天喷1次,连续用药2~3次。

2) 褐腐病

花部受害:自雄蕊及花瓣尖端开始,先发生褐色水渍状斑点,后逐渐延至全花,随即变褐而枯萎。天气潮湿时,病花迅速腐烂,表面丛生灰霉,若天气干燥时则萎垂干枯,残留枝上,长久不脱落。叶受害:自叶缘开始,病部变褐萎垂,最后病残留枝上。新梢受害:病斑长圆形,中央稍凹陷,灰褐色,边缘紫褐色,常发生流胶。当溃疡斑扩展环割一周时,上部枝条即枯死。

第一章 果树高效栽培技术

气候潮湿时，溃疡斑上出现灰色霉丛。果实受害：最初在果面产生褐色圆形病斑，如环境适宜，病斑在数日内便可扩及全果，果肉也随之变褐软腐。继后在病斑表面生出灰褐色绒状霉丛，常呈同心轮纹状排列，病果腐烂后易脱落，但不少失水后变成僵果，悬挂枝上经久不落。

防治方法：①结合修剪彻底清除僵果、病枝等越冬菌源，集中烧毁，同时深翻园地，将带病残体埋于地下；及时防治桃蛀螟、象甲、食心虫、盲蝽等害虫。5月上中旬套袋保护果实。②花前花后各喷1次50%苯菌灵可湿性粉剂1 500倍液。或于发芽前喷5波美度石硫合剂或45%晶体石硫合剂30倍液；落花后10天左右喷65%代森锌可湿性粉剂500倍液，或70%甲基硫菌灵可湿性粉剂800~1 000倍液。③发病初期和采收前3周喷50%多霉灵可湿性粉剂1 500倍液，或50%苯菌灵可湿性粉剂1 500倍液，或70%甲基硫菌灵可湿性粉剂1 000倍液，或50%异菌脲可湿性粉剂1 500倍液，严重时可每15天喷1次药，采收前3周停喷。

3）桃白粉病

主要为害叶片、新梢，有时为害果实。叶片染病：于9月后，背面呈现白色、边缘不清晰的近圆形菌丝丛，表面有黄绿色；严重时，菌丝丛覆盖全部叶面。幼叶受害，叶面不平，呈波状。秋天，菌丝中呈现黑色小球状物。新梢染病：在老化前也出现白色菌丝。果实染病：5—6月即出现白色圆形、有时不规则形的菌丝丛，粉状，接着表皮附近组织枯死，形成浅褐色病斑，后病斑稍凹陷，硬化。

防治方法：①秋天落叶后及时清洁果园，将落叶集中烧毁，以消灭越冬病原菌。②发芽前全园喷药，常用药剂有2~3波美度石硫合剂，25%三唑酮可湿性粉剂3 000倍液，杀灭越冬树上的病菌；发芽后、开花前、落花后各喷药1次，可用15%三唑酮可湿性粉剂1 500~2 000倍液，或12.5%烯唑醇可湿性粉剂2 000~2 500倍液。

2. 虫害

1）桃瘤蚜

以成虫、若虫群集在叶背吸食汁液，以嫩叶受害为重，受害叶片的边缘向背后纵向卷曲，卷曲处组织肥厚，似虫瘿，凹凸不平，初呈淡绿色，后变红色。严重时大部分叶片卷成细绳状，最后干枯脱落，严重影响桃树的生长发育。

防治方法：①修剪虫卵枝，早春要对被害较重的虫枝进行修剪，夏季桃瘤蚜迁移后，要对桃园周围的菊花科寄主植物等进行清除，并将虫枝、虫卵枝和杂草集中烧毁，减少虫、卵源；保护和利用天敌。②可用4.5%高效顺反氯氰菊酯乳油2 000倍液，或50%吡蚜酮乳油3 000~5 000倍液，或10%啶虫脒微乳剂4 000~6 000倍液防治。

2）桃小食心虫

蛀食梨果和桃树新梢，以梨桃混栽果园受害严重。第一、第二代幼虫主要为害桃梢，从桃梢顶端的第二、第三叶基部蛀入，使桃枝枯萎，并转主为害。第三代开始转向梨果，多从萼洼或梗洼处蛀入，向果心蛀食，蛀道内充满虫粪，蛀孔周围变黑干腐，稍凹陷。一般一果只有一头幼虫，被害果易腐烂，严重影响果实品质。

防治方法：①建园时尽量避免桃、李等与梨、苹果混栽，已混栽的，则分别明确防治重点，6月中旬前以桃为主，6月中旬后以梨为主；冬季刮除枝干上粗皮翘皮，集中烧毁；6月中旬前，发现桃梢萎蔫，及时从被害部下面剪除，集中烧毁（桃树上尽量用此法）；成虫发生期在果园内每隔3~4株挂糖醋液诱蛾。②可用2.5%高效氯氟氰菊酯乳油3 000~4 000倍液，或20%氰戊菊酯乳油10 000~20 000倍液，或2.5%溴氰菊酯乳油2 500~3 000倍液防治。

3）桃蛀螟

初孵幼虫啃食花丝或果皮，随即蛀入果内，食掉果内籽粒及隔膜，同时排出黑褐色粒状粪便，堆集或悬挂于蛀孔部位，遇雨从虫孔渗出黄褐色汁液，引起果实腐烂。幼虫一般从花或果的萼筒、果与果、果与叶、果与枝的接触处钻入。

防治方法：①晚秋或早春深翻改土冻死越冬虫卵；摘除树上残果、虫果，彻底刮除老翘皮下的越冬幼虫，减少越冬虫源基数；在花谢后，子房开始膨大时进行果实套袋；在果园内或四周种植高粱、玉米、向日葵等高秆作物诱集成虫，产卵后集中消灭；采用糖醋液或性引诱剂诱杀成虫；保护和利用天敌。②成虫产卵盛期至幼虫孵化初期施药为防治适期，每隔7~10天喷1次，连喷2~3次，药剂可选用25%灭幼脲悬浮剂1 500~2 500倍液，或50%辛硫磷乳油1 000倍液等。

(七) 采收

远距离销售和需要贮藏的果实，可在七成熟时采收；近距离销售的桃果，可在八成熟时采收；就地销售的桃果，可在八至九成熟时采收。耐贮运品种可参考品种特性适当晚采。采前不宜灌水，不宜在雨天、有雾时和露水未干时进行采收。一天中的采摘时间应避免在炎热的中午前后。

第三节 梨高效栽培技术

一、梨的生物学特性

梨树为多年生落叶果树，乔木体态。其叶片多为卵形或长卵圆形，叶缘有锯齿，花为白色，花瓣近圆形或宽椭圆形，果实形状多样，包括圆形、扁圆形、椭圆形等，果皮颜色有黄色或褐色两大类，果肉中可能含有石细胞，种子通常为黑褐色或近黑色。

梨树喜欢温度适中到较高的环境，具有较好的耐寒能力。年均温度要求根据不同种类的梨树而异，从4~21℃不等。梨树需要足够的日照，为1 600~1 700小时，对土壤适应性强，但以土层深厚、排水良好的砂壤土为佳。水分需求较高。pH值在5~8.5均能正常生长，耐盐碱性也较强。

二、梨栽培技术

(一) 园地选择与规划

1. 园地选择

梨树属于比较耐旱、耐涝和耐盐碱的树种，也就是说，栽培梨树的土壤宜比较宽松，在沙地、滩地、丘陵山区以及盐碱地和微酸性的土壤里梨树都能够生长，但如果追求经济效益，选择最适合梨树生长的土壤也是非常重要的，梨树在土层深厚、质地疏松、透气性好的肥沃砂壤土中生长更好。一般来说，平原地要求土地平整、土层深厚肥沃；山地要求土层深度50厘米以上，坡度在5°~10°；盐碱地土壤的含盐量不得超过0.3%；沙滩地的地下水位要在1.8米以上。

2. 园地规划

园址选定后，要遵循"因地制宜，节约用地，合理利用，便于管理，园貌整齐，持续发展"的原则对园区进行设计，内容主要包括作业区、道路系统、水利设施、防护林、辅助设施等。

(1) 作业区规划。为便于作业管理，面积较大的梨园可划分成若干个小区，同一小区内的土壤质地、地形、小气候应基本一致，以保证同一小区内的管理技术内容和效果的一致性。地势

第一章 果树高效栽培技术

平坦一致时，小区面积可为 50~150 亩。小区以长方形为好，长边与短边按 2:1 或 5:(2~3) 设计。小区的长边应与主风带垂直，与主林带平行。山地要根据地形、地势等划分小区，小区长边与等高线平行，面积 15~50 亩，划分时要有利于水土保持，防止风害，便于运输和机械化作业，便于作业。地形条件比较特殊时，小区也可以是正方形、梯形，甚至不规则形状。梨树栽植的行向，坡地沿等高线栽植；平地一般为南北行向。

（2）道路规划。面积较大的梨园，可根据地形、地势划分成若干个作业小区，根据小区设计干路、支路、小路三级。干路位置适中，贯穿全园，宽 6~8 米，外与公路连接相通，内与建筑物、支路连接；支路与干路垂直相通，宽 4~6 米；小路与支路连通，宽 2~3 米。对于小型梨园，为了减少非生产用地，可以不设干路和支路，只设环园和园内作业道即可。山丘地梨园，地形复杂多变，干路应环山而行或呈"之"字形，坡度不宜太大，路面内斜 3°~4°，内侧设排灌渠。平地或沙地梨园，为减少道路两侧防护林树荫对梨树的影响，可将道路设在防护林的北侧。盐碱地果园，安排道路应利于排水洗盐。

（3）水利设施规划。采用地下水灌溉的梨园，平原应每 100 亩打一口井，水井应打在小区的高地，平地应打在小区的中心位置。无论采用哪种水源，都需修建灌溉系统，其规划可与道路、防护林带建设相结合。从水源开始灌溉系统分为干渠、支渠和毛渠，逐级将水引到梨树行间和株间。山地果园的排水与蓄水池相结合，蓄水池应设在高处，以方便较大面积的自流灌溉。地下水位高、雨季可能发生涝灾的低洼地、盐碱地必须设计规划排水系统。排水系统分为明沟排水和暗沟排水两种。排水沟顺行开放，直通支渠，再汇集导入干渠。除了常规的地面灌溉方式外，有条件的地区还可采用喷灌、滴灌或渗灌的方式。

（4）防护林规划。防护林一般包括主林带和副林带，有效防护范围为林木高度的15~20倍。山地主林带应设在果园上部或分水岭等高处。沿海和风沙大的地区应设副林带和折风带，林带应加密，带距也应缩小。主林带应与当地主风向垂直，主林带间距400~600米，植树5~8行。副林带与主林带垂直形成长方形林网，植树2~3行。

（5）辅助设施规划。梨园规划除了要考虑上述因素外，还要考虑生产生活用房、粪池、果实分级、预贮场地、贮藏保鲜设施及各种辅助设施等项目，以便于果品的贮藏。

(二) 栽植技术

1. 选择良种

不同品种的梨树对环境气候要求不同，因此要选择适宜当地气候栽培的优良的早熟、中熟或晚熟品种。

2. 授粉树配置

大多数的梨品种不能自花结果，或者自花坐果率很低，生产中配置适宜的授粉树是省工高效的重要手段。授粉品种必须具备如下条件：①与主栽品种花期一致；②花量大，花粉多，与主栽品种授粉亲和力强；③最好能与主栽品种互相授粉；④本身具有较高的经济价值。一个果园内最好配置两个授粉品种，以防止授粉品种出现小年时花量不足。主栽品种与授粉树比例一般为(4~5)：1。

3. 栽植准备

栽植前，根据栽植计划确定需要的苗木品种、数量。购苗应选择信誉好、品种质量有保障、正规的育苗单位或科研单位，购苗尽量在当地或就近，避免长途运输带来的损伤，还需对苗木进行检疫。栽植前核对、登记苗木，并对根系进行修剪，剪平伤口，去掉多余的分枝；将苗木在水中浸泡12~24小时，使根系吸足水分后再进行栽植。

根据果园规划设计的栽植方式和株行距，在地面上标定好栽植点。挖栽植坑时应以栽植点为中心，挖成圆形或方形的栽植坑，挖坑时将其中石头全部挖出，并用表土回填。挖坑时表土和底土要有规律地分开放置，并将坑底翻松。栽植坑的长、宽、深均应在0.8~1.0米。在土壤条件差的地方，栽植穴也可提前挖出，秋栽夏挖，春栽秋挖，以使穴底层的土壤能得到充分熟化，有利于苗木根系的生长。栽植坑回填时，先在坑底隔层填入有机物和表土，厚度各10厘米，有机物可利用秸秆、杂草或落叶。将其余表土和有机肥及过磷酸钙或磷酸二铵混合后填入坑的中部，近地面时也填入表土，挖出来的表土不够时可从行间取表土，将挖出来的底土撒向行间摊平。施入充分腐熟的有机肥（人粪尿、圈肥、鸡粪、羊粪等）、过磷酸钙或磷酸二铵。回填时要逐层踩实，灌水使坑土沉实，防止浇水后下沉过多，影响苗木的生长。

4. 栽植时间

梨苗栽植有春栽和秋栽。秋栽在梨树落叶期到土壤上冻前进行。一般秋天雨水多、土壤墒情好、地温高的南方地区采用秋栽较多。秋栽有利于根系伤口愈合和促进新根生长。

5. 栽植方法

栽树时按品种分布发放苗木。栽植前将回填沉实的栽植穴底部堆成馒头形，踩实，一般距地面25厘米左右，然后将苗木放于坑内正中央，舒展根系。扶正苗木，使其横竖成行，嫁接口朝向迎风面，随后填入取自周围的表土并轻轻提苗，以保证根系舒展并与土壤密接，然后用土封坑，踏实。

(三) 土肥水管理

1. 土壤管理

梨树根系分布较深，应该深翻，适当增加有机肥料。深翻一般是在秋天落叶后进行，深度控制在50厘米。幼龄园可以定植沟两侧扩大，成年树应该隔行深翻。保证疏松无杂草，夏秋干旱季节进行树盘覆盖保水。成年园则是采取清耕覆盖法，生长期清耕。在生长过程中，梨所需要的水分较多，如果是处于南方地区，在夏季温度较高，就需要种植人员及时灌溉，补充水分，以此来保证梨的产量和品质。

2. 科学施肥

梨树对氮、磷、钾这3种肥需求量较大，质量比为1：0.5：1，春季施入氮肥，在生长后期控制施入量，以此来抑制树体营养生长。基肥应该早施入，一般是在刚落叶的时候施入。可以采取环状或者穴状的施肥方法，成年树则是以放射状和条沟状的方法为主，深度控制在30~50厘米。幼年时期应该在萌芽前、生长阶段和停止生长时各环节进行追肥，选择氮肥施入。成年树则是在萌芽后的15天左右，施入氮肥，以此来促进生长，这一时期的施肥对于长势较弱的树非常关键。在新梢旺盛生长期，应该混合施用磷、钾肥，促进果实发育。如果花量少则可不施入。壮果肥，新梢旺盛生长期施入，以钾肥为主，配合氮、磷肥，这一次施肥非常关键，必须做好，并且要能把握好时间，避免出现二次生长。采后肥以氮肥为主，晚熟品种则可与基肥同时施入。

3. 灌溉和排水

梨树的灌溉时间分为4次。①花前水：在3月下旬进行。②花后水：在4月下旬或5月上中旬进行。③果实膨大水：在6—7月进行。此阶段是果实迅速膨大期，也是梨树需水量最大的时期，此时往往天旱，要特别注意灌溉。④采后补水：9月下旬或10月上旬进行。

梨树虽较耐涝，但长期淹水会造成土壤缺氧，并产生有毒物质,容易发生烂根和早落叶,严重时枝条枯死。因此梨园应设置完善的排水系统,及时防洪排涝。

(四) 树形管理

1. 梨树常用树形

我国梨树栽培区通常见到的树形有多主干自然圆头形、多主干开心形和疏散分层形。多主干自然圆头形在华北各地常见,其树冠结构为:主干比较高,无中央领导干,在主干顶部有五六个大主枝,向周围开展,各个主枝自然斜向伸展,在主枝的旁侧再形成二、三级枝条,整个树冠为稍下垂形。多主干开心形树冠结构为:主干比较矮,有主枝三四个,斜立向外,斜开角度为30°~40°,这就构成树冠的骨干枝;在骨干枝上再向外生长二级侧枝,通常为水平向外错落伸展共有三四层,就构成一个空心的半圆形。疏散分层形通常在新建立的梨树果园采用。树冠结构为,主干低,有中央领导干,以干为轴,有主枝4~5层;第一层主枝3~4个,第二层2个,以上各1个;每层间距离,下层比较多,向上逐渐变小;在各主枝上再生长二、三级枝条。

2. 梨树修剪

(1) 幼树和初结果期。幼树和初结果期树枝条直立生长,开张角度小,往往抱合生长,易产生"夹皮角"。因此,梨幼树和初结果期树修剪的主要任务是迅速扩大树冠,注意开张枝条角度、缓和极性和生长势,形成较多的短枝,达到早成形、早结果、早丰产的目的。

(2) 盛果期。盛果期梨树修剪的主要任务是调节生长和结果之间的平衡关系,保持中庸健壮树势,维持树冠结构与枝组健壮,实现高产稳产。

(3) 衰老期。当产量降至不足15 000千克/公顷时,对梨树进行更新复壮。每年更新1~2个大枝，3年更新完毕，同时做好小枝的更新。梨树潜伏芽寿命长，当发现树势开始衰弱时，要及时在主、侧枝前端二、三年生枝段部位，选择角度较小、长势比较健壮的背上枝，作为主、侧枝的延长枝头，把原延长枝头去除。如果树势已经严重衰弱，选择着生部位适宜的徒长枝，通过短截，促进生长，用于代替部分骨干枝。如果树势衰老到已无更新价值时，要及时进行全园更新。对衰老树的更新修剪，必须与增加肥水相结合，加强病虫害防治，减少花芽量，以恢复树势，稳定树冠和维持一定的产量。

(五) 花果管理

1. 保花保果

要加强栽培管理，做好土肥水管理工作，强化防治病虫害，这样才能让树体生长健壮，并储备足够的营养，这也是保花保果的关键。如果缺株断行，或是授粉树不足，或是品种配比不合理，都应该补栽，解决授粉不足问题最好的方法是在梨树上高接授粉品种。此外，也可以通过挂花枝的方法来临时补充授粉。还可以进行人工授粉，因为梨树在生长中受到外界因素的影响较大，如果天气较差，会导致授粉不成功，此时可采取人工授粉，能有效增加产量。

2. 疏花疏果

疏花是在初花期前段进行，应该按照疏弱不疏强、疏长不疏短、强枝多留、永久枝少留的原则来进行。为减少劳动用工，可以在一些梨树授粉完成后，加强病虫害防治，以此来达到防治病虫害并疏花的目的。在疏果上，则是在第一次落果至5月中下旬完成。在保证比例的基础上，应该针对长势较弱的梨树早疏果、多疏果。针对长势较强的梨树则要晚疏果、少疏果。

3. 果实套袋

梨树果实套袋不仅能有效防治病虫害，减少农药残留，还能进一步提高果实品质。而在套袋时，则要选择透光性强的纸袋，不仅能做好防晒、防雨，同时也能使用药剂处理，这样才能达到防虫效果。在梨盛花1个月内完成疏果工作。在套袋前还应该再次喷洒药物来避免出现病虫害。

（六）常见病虫害防治

1. 病害

1）梨黑星病

梨黑星病在我国梨区较为常见，主要是对果实、叶片等产生影响。在发病时，会在叶片上出现不规则病斑，颜色为墨绿色。不管是幼果期还是成熟期都有可能受到影响。发病初期可能会出现不规则病斑，不断扩大而变成黑色。

防治方法：冬天及时清理园内的落叶、去除病枝并焚烧。一旦发病，就要及时去除病枝。在结合清理的基础上，可以喷洒5波美度石硫合剂+0.2%洗衣粉。在出现病枝后，可以喷洒25%多菌灵可湿性粉剂400倍液。

2）梨黑斑病

梨黑斑病主要影响果实、树叶等。在发病时，往往是嫩叶先发病，并呈现暗褐色，形状为圆形。果实的病斑会呈现圆形，有一定的凹陷，并且表面呈现黑色，然后发生龟裂，很容易脱落。这类病害在4月下旬最容易出现，并且嫩叶非常容易受到影响，一旦遇到雨季更加容易患病。

防治方法：选择抗病能力强的品种。加强管理，增施有机肥，从而促进树体健壮生长。针对排水效果不理想的地区，要积极地做好排水工作。在使用药剂防治时，可以在梨树发芽阶段，喷洒5波美度石硫合剂，或喷洒50%百菌清可湿性粉剂500倍液，就能对梨黑斑病进行有效防治。

3）梨锈病

发病时梨叶的表面出现病斑，颜色为橙黄色，上面有很多针头大小的颗粒。在后期可能会生成很多的毛状物，果实发生梨锈病时症状也是如此。

防治方法：以预防为主。此病通过寄生在桧柏上传播，在梨树周围500米范围内不应该种植桧柏。如果有并且不能砍除，应在桧柏上涂2波美度石硫合剂。此外，在梨树上，萌芽后3周以内，使用50%三唑酮水分散粒剂500倍液来进行喷施，每10天喷洒1次，3次为1个周期，注意不能在开花期喷洒，避免影响果实质量。

2. 虫害

1）梨蚜

成虫常群集在芽、叶、嫩梢和茎上吸食汁液，以枝梢顶端的嫩叶受害最重。受害叶片不能伸展，由两侧向正面纵卷成筒状，影响光合作用，并引起早期脱落，影响花芽分化与产量，削弱树势。

防治方法：在发生数量不大的情况下，摘除被害卷叶，集中处理消灭蚜虫。梨花芽膨大露绿至开裂以前，至少在卷叶以前是防治的关键时期，卷叶后施药效果很差。可喷洒10%吡虫啉可湿性粉剂5 000倍液、5%啶虫脒乳油2 000倍液等。保护和引放天敌，例如瓢虫、草蛉、食蚜蝇等。

2）梨木虱

成虫、若虫多集中于新梢、叶柄为害，夏秋多在叶背取食。若虫在叶片上分泌大量黏液，这些黏液可将相邻两张叶片黏合在一起，若虫则隐藏在中间为害，并可诱发煤烟病等。若虫大量发生时，大部分钻到蚜虫及瘿螨造成的卷叶内为害，为害严重时，全叶变成褐色,引起早期落叶。

防治方法:冬季刮除枝干粗皮,清扫落叶,消灭越冬成虫。3月中旬越冬成虫出蛰盛期喷药,可选用1.8%阿维菌素乳油2 000~3 000倍液、5%阿维菌素乳油5 000倍液等。在一代若虫发生期(约谢花3/4时)、二代卵孵化盛期(5月中下旬)可选用的药剂有10%吡虫啉可湿性粉剂3 000倍液、1.8%阿维菌素乳油3 000倍液等。

(七)采收

梨应分批采收,先采外围果,再采内膛果。采收时用手托起果实轻轻上抬,果柄即在离层处断开。

注意事项:①采前2周内梨园应停止灌水,选择晴天气温凉爽时分期分批采收;②采后待运的果实应放在阴凉处。其中,发育异常的果实、处于初果期树的果实、施肥比例不当尤其是施氮肥过多的树体果实、树冠内膛的果实,耐贮性较差,不宜进行长期贮藏。

第四节 葡萄高效栽培技术

一、葡萄的生物学特性

葡萄是落叶藤本植物,褐色枝蔓细长。近圆形单叶互生,近全缘至3~7裂,叶缘有锯齿。叶腋生复合的芽。卷须或花序与叶对生。两性花、雌花(雄蕊较短,花粉不孕)和雄花;野生种常为雌雄异株。5片花瓣,顶部连生,开花时自基部与花托分离呈帽状脱落。浆果多为圆形或椭圆,有青绿色、紫黑色、紫红色等,具果粉。

葡萄是一种喜温植物,适宜的生长温度范围为10~30 ℃,发芽和生长速度与温度密切相关。在光照充足的条件下,葡萄的叶片厚而深绿，光合作用强，植株生长壮实，花芽着生多，浆果含糖量高。葡萄对土壤的适应性较强，但以肥沃的砂壤土最为适宜，不同土壤类型对葡萄的生长和结果有不同的影响。葡萄的根系为深根性，主要分布在20~80厘米的土层内，根系没有自然休眠，只要土壤温湿度适宜就可一直生长。葡萄的繁殖方法以分株法为主，也可以进行扦插繁殖。

二、葡萄栽培技术

（一）园地选择与规划

1. 园地选择

建园地应选择地势平坦、土地连片、交通方便、有灌溉条件、排水良好、土质疏松的砂质土或者壤土，土壤酸碱度以中性或略酸性为宜，新开垦荒地建园或者土壤较为贫瘠的应先改良土壤。

2. 园地规划

无论是大面积建园，还是建立独立经营的小葡萄园，在建园前，必须进行统一规划，合理设计，确定生产方向和株行距架式架形。

（1）栽植行向。葡萄栽植时如果采用大棚栽培或者简易棚栽培应充分考虑当地季风方向，以防生产受到大风的影响。同时行向与风向一致也可以增加葡萄园通透性，减少病害的发生。

（2）排灌系统。地头最好开挖排水沟，同时排水沟又能及时把水排出去。减少在雨水较大时，造成大水沤根，影响葡萄生长。

（3）道路设置。根据葡萄园面积而定，本着节约用地和方便生产的原则设置道路。小园只设置作业道，直接与园外大路相通，以便于运输、管理为宜。

(二) 栽植技术

1. 栽植时期

从秋季至翌年春季均可栽植。北方秋季时间较短，整地、挖掘栽植沟工作量很大，冬季气候寒冷干燥，秋栽后必须埋土防寒，耗费较多人力、物力，因此，以秋季挖好栽植沟、春季栽植为宜。一般可在地温达到10 ℃时进行，以春季山桃花开以后为适期，过早栽植地温低，根系迟迟不活动，成活率降低。如果栽植面积较大，栽植时间可适当提前。温室营养袋育苗可在生长期带土定植。

2. 栽植密度

根据不同地理位置冬季是否需要下架防寒等气候特点，土地类型（山地或平原）、土壤肥力状况、整形方式、架式特点、品种树势等栽植密度有差别。棚架栽培株行距一般为（1.5~2.0）米×（3.0~6.0）米，每亩栽植株数为56~148株。平地不埋土防寒地区多采用篱架栽培，株行距一般为（1.0~1.5）米×（2.0~3.0）米，每亩栽植株数为148~333株。

3. 栽植方法

（1）挖大穴。在栽植畦中心轴线上按株距挖深、宽各30厘米的栽植穴，穴底部施入几十克生物有机复合肥，上覆细土做成半圆形小土堆，将苗木根系均匀散开四周，覆土踩实，使根系与土壤紧密结合。栽植深度以原苗木根茎与栽植畦面平齐为适宜，过深时土温较低、氧气不足，不利于新根生长，缓苗慢甚至出现死苗现象；过浅时根系容易露出畦面或因表土层干燥而风干。

（2）覆膜。栽植后及时覆盖黑色地膜，保证自根苗地上部或嫁接苗嫁接口部位以上露出畦面。黑色地膜具有对土壤保湿、增温、防杂草的作用，对提高成活率有良好效果。

（3）及时灌水和培土堆。栽植后及时灌1次透水。待水渗下后，将苗茎培土堆（黑色地膜覆盖可以不培土堆），高度以苗木顶端不外露为宜。待苗木芽眼开始膨大、即将萌芽时，选无风傍晚撒土，以利于苗木及时发芽抽梢。栽后1周内只要10厘米以下土层潮湿不干，就不再灌水，以免降低地温和通气性。以后土壤干燥可随时灌小水。

(三) 土肥水管理

1. 土壤管理

建园时土壤改良可进行土壤深翻，深度在50~80厘米，深翻的同时，可将切碎的秸秆或农家肥施入，压在土下。葡萄园建园以后，对于土壤贫瘠的葡萄园，要进行深翻改土。深翻改土要分年进行，一般在3年内完成。在果实采收后结合秋施基肥完成深翻。在定植沟两侧，隔年轮换深翻扩沟，宽40~50厘米，深50厘米，结合施入有机肥（农家肥、秸秆等），深翻后充分灌水，达到改土目的。

2. 施肥管理

基肥多在葡萄采收后、土壤封冻前施入，一般在9月下旬至11月上旬进行。基肥以迟效性的有机肥为主，种类有圈肥、厩肥、堆肥、土杂肥等。施肥前应先挖好宽40~50厘米、深40~60厘米的施肥沟。沟离植株50~80厘米（具体根据土壤条件和葡萄植株大小而灵活掌握）。沟挖好后，将基肥（堆肥、厩肥、河泥）中掺入部分速效性化肥如尿素、硫酸铵，可使根系迅速吸收利用，增强越冬能力。有时还在有机肥中混拌过磷酸钙、骨粉等，施肥后应立即浇水。

追肥主要在3个时期进行。①萌芽前追肥。以速效性氮肥为主，配合少量磷、钾肥。②幼果膨大期追肥。在花谢后10天左右，幼果膨大期追施，以氮肥为主，结合施磷、钾肥（可株施45%复合肥100克）。③浆果成熟期追肥。在葡萄上浆期，以磷、钾肥为主,并施少量速效氮肥,根施、叶面施均可,以叶面追施为主,这对提高浆果糖分、改善果实品质和促进新梢成熟都有重要的作用。采后肥以磷、钾肥为主,配合施适量氮肥,目的是促进花芽发育、枝条成熟,可结合秋施基肥一起施用。最后一次追肥在距果实采收期20天以前进行。

3. 水分管理

成龄葡萄园的灌水,一般在葡萄生长的萌芽期、花期前后、浆果膨大期和采收后4个时期,灌水5~7次。同时要注意根据当年降水量的多少而增减灌水次数。成龄葡萄根系集中分布在离地表20~60厘米的栽植沟土层内,灌水应浸润60~80厘米以上的土壤为宜,并要求灌溉后土壤最大含水量达到65%~85%。常见的灌水方法有沟灌或畦灌、喷灌、滴灌、渗灌等。

(四) 树形管理

1. 整形方式

目前,我国葡萄的整形方式分为篱架整形、棚架整形。

(1) 篱架整形。篱架整形的优点是管理方便,植株受光良好,容易形成,果实品质较好。篱架制作方法是用支柱和铁丝拉成一行行高2米左右的篱架,葡萄枝蔓分布于架面的铁丝上,形成一道绿色的篱笆。根据葡萄枝蔓的排布方式又分为多主蔓扇形和双臂水平整形两种。

(2) 棚架整形。棚架是用支柱和铁丝搭成的,葡萄枝蔓在棚面上水平生长。棚架栽培分小棚架和大棚架两种。棚架栽培产量高,树的寿命也长。棚架的缺点是在埋土防寒地区上架下架较为费工,管理不太方便。

2. 葡萄的修剪

葡萄的修剪分为冬季修剪和夏季修剪。

(1) 冬季修剪。冬季修剪的理想时间应在葡萄正常落叶之后 2~3 周内进行,这时一年生枝条中的有机养分已向植株多年生枝蔓和根系运转,不会造成养分的流失。冬季修剪时,根据每年预定产量要求,再按植株生长情况留数,生长势中等的植株每株留 13 个结果母枝,强的适当多留,弱的少留。冬剪常用的方法有短、疏、缩 3 种方法。

(2) 夏季修剪。夏季修剪是葡萄整形修剪的重要时期。夏季修剪,可通过抹芽、疏枝、摘心、处理副梢等措施,控制新梢生长,改善通风透光条件,使营养输送集中在结果枝上,从而提高产量和品质,并促进枝条生长和发芽分化,为来年丰产打下基础。

(五) 花果管理

1. 疏穗

在葡萄开花前,根据花穗的数量和质量以及产量目标,疏除一部分多余的、发育不好的花穗,使营养集中供应留下的优质花穗,可以提高葡萄坐果率,提高果实品质。

疏穗分两个时期,一是在花序分离期,能分清花序大小、质量好坏时进行。通常去除发育不好、穗小的花穗,留下发育好、个头大的花穗,一般每个结果枝留一个花穗,每亩留 1 500~2 000 个花穗(夏黑品种留 1 000~1 500 个)。二是在开花前一周将副穗、歧肩疏除,将全穗 1/6~1/5 的穗尖掐去,每穗留 13~16 个小花穗。

2. 疏果

葡萄开花后 10 天,能明显分清果粒大小时进行疏果,要求疏除病虫果、过大过小果、日灼果及畸形果,要疏除过密果,选留大小一致、排列整齐向外的果粒。果粒大品种如藤稔留 30~40 粒,果粒中等品种如巨峰留 40~50 粒,小粒品种如夏黑留 70~80 粒。

3. 套袋

套袋在葡萄生理落果后（坐果后2周），果粒黄豆粒大小时进行，套袋前要用杀菌剂进行彻底杀菌。葡萄套袋材料一般用专用纸袋，分大、中、小3种规格，可根据果穗大小进行选择。套袋时要注意避开中午高温，防止日灼。袋口要扎紧，防止风吹落和虫进入。

4. 摘袋

为了促进葡萄浆果着色，深色品种可在采收前1~2周摘袋，其他品种采收前不解袋。摘袋宜选择晴天9：00—11：00，15：00—17：00进行。先撕开袋底开口，隔一两天后再摘袋。

（六）常见病虫害防治

1. 病害

1）葡萄炭疽病

主要为害着色或近成熟的果粒，造成果粒腐烂。也可为害幼果、叶片、叶柄、果柄、穗轴和卷须等。着色后的果粒发病，初在果面产生针头大小的淡褐色斑点，其后病斑逐渐扩大成深褐色凹陷的圆形病斑，其上产生呈轮纹状排列的小黑点，天气潮湿时，溢出粉红色黏液。发病严重时，病斑可以扩展到半个或整个果面，果粒软腐，易脱落，病果酸而苦，或逐渐干缩成为僵果。果柄、穗轴发病产生暗褐色、长圆形的凹陷病斑，可使果粒干枯脱落。

防治方法：花前、谢花后、幼果期、果实膨大期、转色初期喷药保护，生长季节根据气候及发病状况。常用药剂有25%丙环唑乳油4 000~5 000倍液、25%咪鲜胺乳油500~800倍液、50%福美双可湿性粉剂600倍液、10%苯醚甲环唑水分散粒剂1 500~2 000倍液、53.8%氢氧化铜水分散粒剂1 000倍液、80%代森锰锌可湿性粉剂800倍液、75%百菌清可湿性粉剂600倍液等。

2) 葡萄白腐病

整个果粒发育期均能发病,主要为害果粒和穗轴,引起穗轴腐烂。病果粒很容易脱落,严重时地面落满一层,这是白腐病发生的最大特征。先在小果梗或穗轴上发生浅褐色水渍状、不规则病斑,逐渐向果粒蔓延。严重发病时造成全穗腐烂,果梗穗轴干枯缢缩,振动时病果病穗极易落粒。新梢往往出现在受损伤部位,如摘心部位或机械伤口处。开始时,病斑呈水渍状,后上下发展呈长条状,暗褐色,凹陷,表面密生灰白色小粒点,病斑环绕枝蔓一周时,其上部枝、叶由黄变褐,逐渐枯死,后期病斑处表皮组织和木质部分层,呈乱麻丝状纵裂。一般在穗部发病后,叶片才出现症状。多从叶尖、叶缘开始,初呈水渍状褐色近圆形或不规则斑点,渐扩大成具有环纹的大斑,上面密生灰白色小粒点,病斑后期常常干枯破裂。

防治方法:在开花前后应以波尔多液等保护性药剂为主。坐果后遇上降雨后即进行防治。选用能兼治黑痘病、炭疽病的农药。以后根据病情及天气情况,每隔7~15天喷1次。药剂选用10%苯醚甲环唑水分散粒剂1 000~1 500倍液,10%丙硫唑悬浮剂1 500~2 000倍液,75%百菌清可湿性粉剂500~600倍液,70%代森锰锌可湿性粉剂和64%噁霜·锰锌可湿性粉剂700倍液,以上药剂交替使用,以提高防效。

3) 葡萄霜霉病

葡萄霜霉病是葡萄上的重要病害,病菌主要以卵孢子在落叶上越冬,葡萄萌芽后,遇3天以上的高湿条件,卵孢子可萌发产生孢子囊,随气流传播进行初侵染。葡萄霜霉病发生主要取决于降雨和地面湿度,一般年份自7月开始发生,但个别果园或个别年份自花期开始发生,8月中下旬达全年发病高峰期。葡萄霜霉病的防治应采用清除侵染菌源、栽培管理和药剂防治并重的综合防治措施。

防治方法：结合修剪清园，彻底清除越冬菌源；发病初期，及时剪除病叶、病梢等，清除再侵染菌源。适当增施有机肥、磷肥、钾肥，增加树体的抗病性；及时绑蔓、摘心、去副梢、适当疏叶，增加园内的通风透光条件；及时除草、中耕、排涝，降低果园内湿度；合理修剪，清除近地面的枝、叶，提高树体生长部位。葡萄开花期若预报有阴雨，应在阴雨前的2~3天，随其他病害的防治中，喷洒保护性杀菌剂。6月中下旬，雨季到来之前，全园应喷洒1次1:0.5:200的波尔多液，或其他黏附性强、耐雨水冲刷、持效期长的杀菌剂。7月上中旬雨季前，7月下旬或8月上旬降雨前，各喷1次1:0.5:200的波尔多液；8月中旬喷洒1次内吸性杀菌剂；7月若雨水多，可增喷1次内吸性杀菌剂。

2. 虫害

1) 葡萄斑叶蝉

主要为害葡萄的叶片，导致叶片出现黄色斑点，严重时会导致叶片枯黄、脱落。

防治方法：葡萄园内远离桃树、樱桃、山楂树及常绿灌木等。冬季清园时，要铲除园边杂草、落叶，消灭越冬虫源。加强葡萄生长期的各项管理，改变通风透光条件，以利葡萄生长和喷洒药剂。5月中下旬是第一代若虫发生期，可喷洒480克/升毒死蜱乳油2 000倍液，或10%吡虫啉可湿性粉剂1 000倍液。不仅可杀灭成虫、幼虫，还有一定杀卵作用，残效期可达30天以上。

2) 葡萄透翅蛾

幼虫蛀食葡萄的枝蔓和果实，导致枝条枯萎、果实脱落。

防治方法：结合养护，从6月上中旬起经常观察叶柄、叶腋处有无黄色细末物排出，如有发现用脱脂棉稍蘸烟头浸出液，或50%杀螟硫磷乳油10倍液涂抹。当葡萄抽卷须期和孕蕾期，可喷施10%~20%拟除虫菊酯类农药1 500~2 000倍液，收效很好；也可当主枝受害发现较迟时，在蛀孔内滴注烟头浸出液，或选50%杀螟硫磷乳油5~10倍液喷施。

(七) 采收

1. 采摘时间

葡萄在秋季便已成熟，即可采摘。一般集中在8—9月采摘，可根据葡萄的着色、大小、酸甜来判断其成熟度。例如，红色品种的葡萄在成熟后显示为深红色，而白色品种的葡萄在成熟后显示为黄色，紫色品种的葡萄在成熟后显示为深紫色等。

2. 采摘方法

采收时，一手握剪刀，另一手抓住葡萄穗梗，在贴近结果枝处将果穗剪下，保留一段3~5厘米长的穗梗。果穗采下后，不要触碰果面，不要摇动果穗，要用手提起穗梗，轻轻转动，对果穗进行就地修整，剪掉果穗中烂、瘪、脱、裂、绿、干、病、虫、日灼的果粒及其果梗。

之后再按穗粒大小、整齐程度、色泽情况进行分级包装，并尽快送往附近冷库降温预冷。同时要注意分品种采收、分期分批采收、不带叶采收，熟一穗采一穗，达到熟穗不漏、生（青）穗不采，以保证采收质量。

葡萄浆果特别易发生机械伤，因此在采收、装箱、运输、贮藏过程中要轻拿轻放，避免或减少磕碰、挤压、摩擦、震动造成的损伤。

采收时最忌用手提拉果粒和倒置果箱，采完应立即运到预冷库预冷。葡萄从采收到预冷以不超过12小时为宜，预冷速度越快越好。

第五节　樱桃高效栽培技术

一、樱桃的生物学特性

樱桃是蔷薇科、李属植物，俗称中国樱桃。乔木，高2～6米，树皮灰白色。小枝灰褐色，嫩枝绿色，无毛或被疏柔毛。冬芽卵形，无毛。叶片卵形或长圆状卵形，长5～12厘米，宽3～5厘米，先端渐尖或尾状渐尖。花序伞房状或近伞形，有花3～6朵，先叶开放；总苞倒卵状椭圆形，褐色，长约5毫米，宽约3毫米。花柱与雄蕊近等长，无毛。核果近球形，红色，直径0.9～1.3厘米。花期3—4月，果期5—6月。

樱桃是喜温而不耐寒的果树，适于年平均气温7～12℃的地区栽培。樱桃是喜光性强的树种，对光照条件的要求比苹果、梨高。樱桃对水分状况敏感，既不抗旱，也不耐涝。尤其是我国栽培的大樱桃是欧洲品系，要求有雨量充沛、空气湿润的生态环境，适宜栽培在年降水量600～800毫米的地区。樱桃最适于在土层深厚、土质疏松、透气性强，保水力强的砂壤土、壤土和砾质壤土上栽培。樱桃喜微酸性和中性的土壤，栽培适宜的土壤酸碱度，一般为pH值6～7.5。

二、樱桃栽培技术

（一）园地选择与规划

1. 园地选择

园地不是盐碱地；有轻微盐碱的，在选择苗木时，应选抗盐碱能力较强的砧木。园地周边要有灌溉用水或能打深机井。园地能排出水，平原地区的园地周边要有大而深的排水沟。地下水位要求在1.5米以下。活土层要求达40厘米以上，不足的要深翻改造。土壤有机质含量在1.5%以上，不足的建园前要增施有机肥（粪）改造或通过后期管理逐步提升。尽量不选黏重土壤；不选低洼、易遭霜冻以及风口、风大的地块。

2. 园地规划

1）小区规划

小区规划的原则是使同一小区内的土壤、小气候、光照等条件基本一致。地势平坦、土壤差异较小的，每小区面积以30~50亩为宜；山丘地区地形复杂、土壤差异较大，小区面积要适当缩小，一般是以5~10亩，或数道梯田为一个小区。平地小区多采用长方形，南北行向，小区长边应与风向垂直，以利防风；山坡地边长要与等高线平行，便于耕作和水土保持。

2）道路规划

果园道路一般分支路和主路两种。支路供车辆机具通行，位于小区之间，其宽度根据运输量及常用车辆、机具种类（型号）设计，通常为3~5米；主路用以连接各支路和果品分级、包装、贮藏加工等场所。山地、丘陵或梯田果园，多用梯田边缘、田埂作为支路，而主路则应顺坡修筑迂回上下，以利水土保持。道路要与水土保持工程、防护林等设施统筹规划安排，以求节约用地。

3）防护林规划

防护林的防风效果，因林带的结构和宽度而异，防护林由主林带和副林带构成。主林带一般多与当地主害风向垂直，如因地势、河流等影响，也可有15°~30°的偏角，其宽度10~20米；副林带与主林带垂直，一般宽5~8米。主林带间距300米左右，副林带间距500米左右。防护林树种，要选用对当地自然条件适应能力强、与樱桃没有共同性病虫害、生长迅速、经济价值比较高的树种。

4）排灌系统规划

目前我国樱桃园的灌溉方式很多，传统的方法有沟灌、畦灌（树盘灌）、穴灌和滴灌等。科学节水的方法是滴灌和渗灌。沟灌和畦灌要有水渠或水管，滴灌、渗灌和喷灌要有管路配套设施。不论哪种灌水方式，都必须安排好水源和动力（电）源。

排水系统由干沟、排水支沟和排水沟组成，山地丘陵果园还要在园的上方挖截水沟，在排水沟末端修筑蓄水塘。排灌系统要遵照灌水方便、排水畅通，节水、省地，有利于水土保持和减少施工量的原则规划安排。

5）辅助设施规划

樱桃园的辅助设施包括管理用房、仓库（工具、农药、化肥库等）、机具室、药物配制池、分级包装场及积肥饲养场（畜禽）等。这些设施的规模要根据果园大小而定。配药池与积肥场一般设在果园小区中心，仓库、包装场要设在作业室附近。

(二) 栽植技术

1. 品种选择

在选择栽培品种时，不仅要考虑果个大小、果实颜色、果实风味等果实性状，还要考虑其商品性，选择综合栽培性状好、市场竞争力强、经济效益高的品种。

2. 授粉树配置

除自花授粉品种可以单一栽培外，樱桃园至少要栽培3个品种，以保证品种间相互授粉。大面积果园栽培品种要5个以上，而且成熟期要错开，以防采收时用工紧张。若栽3个品种，主栽品种与其他品种的比例为4∶3∶3或4∶2∶1。

3. 栽植方法

选择根系粗度大于5毫米，大根6条以上，苗高1.2~1.5

米，嫁接口愈合良好的苗木。栽前苗木用 3~5 波美度石硫合剂浸泡 4~12 小时，冲洗后蘸泥浆栽植。

秋、春均可栽植，栽后立即定干，并套 40 厘米膜筒保湿。春季 3 月中旬，在原穴中央挖一个边长 30 厘米的小正方形穴。挖出来的土掺优质有机肥和约 5 克磷酸二铵放在一边备用。把苗木放入小穴，苗木的原土印与地面相齐，把其根系舒展开，用掺好的土填在根系周围，一直填到略高于地面。在填土的过程中，要随填土，随踏实，随晃动苗木，然后再踏实，使根系与土壤充分密接。在树穴周围筑起土埂，整好树盘，随即浇透水。水渗下后，整平树盘，用一块地膜覆盖树穴，有利于提高地温，保持湿度，促发新根，提高苗木的成活率。如不盖地膜，水渗后培土保墒。

如果栽植半成苗（接芽成活的苗），栽后不要剪砧，待接芽萌动后剪砧，接芽长至 20 厘米高时，设支柱把新梢绑在支柱上以防风折。同时注意除萌，防止萌蘖与接芽竞争水分和养分影响成活。

樱桃怕涝，平地果园最好起垄栽植。方法是按预定的株行距挖深 1 米的沟，按回填要求回填，最后用行间表土和有机肥混匀后起垄，垄高 30~40 厘米、垄顶宽约 40 厘米、垄底宽约 1 米，将樱桃按栽植要求栽在垄上。这样可防止夏季雨水积涝及传播病害。用这种方法栽的树比平栽的当年生长量可大 1 倍，以后树体发育也较好。

（三）土肥水管理

1. 土壤管理

樱桃的土壤管理主要包括土壤深翻扩穴、中耕松土、果园间作、水土保持、树盘覆草、树干培土等，具体做法要根据当地的具体情况，因地制宜地进行。

2. 施肥管理

1）幼树施肥

为了使苗木定植后的前 1~2 年内树体生长健旺，生长季节有后劲，最好在苗木定植前株施腐熟的鸡粪 2~3 锹，与土拌匀，然后覆一层表土再定植苗木，或定植前株施 0.5 千克复合肥或全元化肥，或定植前全园撒施 5 000 千克/亩的腐熟鸡粪或土杂粪，深翻后再定植苗木。5 月以后要追施速效性肥料，结合灌水，少施勤施，防止肥料烧根。为了促进枝条快速生长，不能只追氮肥。虽然樱桃对磷的需求量远低于氮、钾，但适量补充磷肥，有利于枝条充实健壮。一般采用磷酸二铵和尿素的方式追肥，每次株施"磷酸二铵+尿素" 0.15~0.2 千克。

2）结果树施肥

9 月施基肥，以有机肥为主，配合适量复合肥、钙硼肥。每亩施土杂粪 5 000 千克+复合肥 100 千克，撒施后再深翻。盛花末期追施氮肥，株施碳酸氢铵 1.5~2 千克，结合浇水撒施。硬核后的果实迅速膨大期至采收以前，结合灌水，撒施碳酸氢铵 0.5 千克/株两次。采果后，放射状沟施人粪尿 30 千克/株或樱桃专用肥 5 千克或复合肥 1.5~2 千克/株。在土壤不特殊干旱条件下要干施，即施后不浇水。从初花到果实采收前，叶面喷施泰宝（腐殖酸类含铁等微量元素的叶面肥）800 倍液 4 次，间隔时间 7~10 天，早中熟品种 7 天、晚熟品种 10 天，也可施用高美施等其他叶面肥。应当强调的是，种植樱桃可获得较高的经济效益，果农也舍得投入，在提倡"春天萌芽前不施肥，秋施有机肥加化肥一次施足"的前提下，秋施基肥要足量，但千万不要过量施用肥料，尤其是过量的化肥，否则容易烧根、死树。

3. 水分管理

1）适时灌水

定植后1~2年生的小树要勤浇水、浇小水，土壤相对含水量低于60%时就浇水，即手捏10厘米深处的土壤稍感湿意即应浇水。在樱桃生长发育的需水关键期灌水，大致可分为花前水、硬核水、采前水、基肥水、封冻水和解冻水，每次灌水至水沟灌满为止。

2）及时排水

樱桃树对环境水分状况反应敏感，不抗干旱也不耐涝，除要适时浇水外，还要及时排水。园地必须建好排水系统，雨季注意排出积水。地下水位高、低洼地易积水的地方，需起高垄栽培。

（四）树形管理

生产中，樱桃常用的主要树形大致有丛状自然形、自然开心形、主干疏层形、纺锤形等。

1. 幼龄树的修剪

幼龄阶段的主要任务是养树，即根据树体结构要求，培养好树体骨架，为将来丰产打好基础。修剪的原则是轻剪、少疏、多留枝，应根据所选的树形采取不同的修剪方法。

（1）对主枝延长枝应促发长枝，扩大树冠。

（2）背上直立枝生长势很强，应极重短截培养成紧靠骨干枝的紧凑型结果枝组，也可将其基部扭伤拉平后甩放培养成单轴型结果枝组。

（3）中庸偏弱枝一般长势趋缓，分枝少，易单轴延伸，可培养成结果枝组。

（4）拉枝开角，缓和长势，提高萌芽，增加短枝，促进成花，提早结果。

2. 盛果期树的修剪

进入盛果期后，树体高度、树冠大小基本上已达到整形要求,此时,应及时落头开心,增加树冠内膛的光照强度,对骨干延长枝不要继续短截促枝,防止果园群体过大,影响通风透光。盛果期树的结果枝组在大量结果后,极易衰弱,特别是单轴延伸的枝组、下垂枝组衰老更快。对衰老失去结果能力的或过密的枝组可进行疏除,对后部有旺枝、饱满芽的可回缩复壮。盛果期大树对结果枝组的修剪一定要细致;做到结果枝、营养枝、预备枝3枝配套,这样才能维持健壮的长势,丰产、稳产。

3. 衰老树的修剪

树体进入衰老期后,应有计划地分年度进行更新复壮。利用樱桃树潜伏芽寿命长易萌发的特点,分批在采收后回缩大枝,大枝回缩后,一般在伤口下部萌发新梢,选留方向和角度适宜的1~2个新梢培养,代替原来衰弱的骨干枝,对其余过密的新梢应及早抹掉,对保留的新梢长至20米时进行摘心,促生分枝,及早恢复树势和产量。如果有的骨干枝仅上部衰弱,中、下部有较强分枝时,也可回缩到较强分枝上进行更新。更新的第2年,可根据树势强弱,以缓放为主,适当短截选留骨干枝,使树势尽快恢复。

(五) 花果管理

1. 人工授粉

采用花期放蜂授粉,在樱桃初花时,每3~5亩放一箱蜜蜂。目前在生产中,对樱桃授粉效果较好的蜜蜂种类是中国蜜蜂,中国蜜蜂活动温度低,其次是意大利蜜蜂。除了释放蜜蜂外还可利用壁蜂授粉。

2. 疏花疏果

1) 疏花

疏花是在花开后,疏去双子房的畸形花及弱质花,每个花芽以保留 2~3 朵花为宜。人工疏花宜在花蕾期进行，疏除基部花，留中、上部花，中、上部花应疏双花、留单花，预备枝上的花全部疏掉。注意，此期间如遇低温或多雨，可不疏花或晚疏花。也可采用盛花期喷施化学药剂（如 12.5 克/升蚁酸钙制剂）的方法疏除花。

2）疏果

疏果时期在生理落果后，一般在谢花 1 周后开始，并在 3~4 天之内完成。幼果在授粉后 10 天左右才能判定是否真正坐果。为了避免养分消耗、促进果实生长发育，疏果时间越早越好。疏果应根据树体长势、负载量及坐果情况而定。主要疏除小果、畸形果，留果个大、果形正、发育好、无病虫为害的幼果。疏除因光线不易照到而着色不良的下垂果，保留横向及向上的大果。待幼果长至豆粒大时即可进行疏果。先疏上部、内部、大枝果，后疏下部、外部、小枝果，先疏双果、病果、伤果、畸形果，后疏密生果、小果。通过疏果，可进一步调整植株的负载量，促进果实增大，提高果实含糖量。

3. 果实着色

在合理整形修剪、改善冠内通风透光条件的基础上，在果实着色期将遮挡果实浴光的叶片摘除即可。果枝上的叶片对花芽分化有重要作用，切忌摘叶过重。

果实采收前 10~15 天，在树冠下铺设反光膜，增强果实的浴光程度，促进果实着色。

（六）常见病虫害防治

1. 病害

1）流胶病

发病症状常见于主干和主枝，有时小枝也可发病。一般表现为病部肿胀，流出半透明的黄色树胶，逐渐变为红褐色，干燥后变为茶褐色硬质胶块。病部的皮层及木质部易受真菌侵染，皮层变褐、腐烂。树势逐渐衰弱，严重时枝条干枯甚至整株死亡。果实发病时，果肉分泌黄色胶质溢出果面，病部硬化，严重时龟裂。

防治方法：增施有机肥，少施氮肥，增施磷肥、钾肥，提高抗病能力；保证排水通畅，防止湿度过大。勤剪枝，回缩修剪留桩；及时处理发病枝条，配合药物防治。在病部涂抹25%戊唑醇水乳剂500倍液、70%甲基硫菌灵可湿性粉剂400倍液等杀菌剂。

2）根癌病

根癌病主要发生在根颈部，也可发生于侧根上；为害部位常形成大小不一、球形或扁球形的瘤体。树体感病后，幼树生长发育缓慢，植株矮小，严重时树体早衰；成龄树出现树势衰弱，落花落果，树体枯萎死亡。

防治方法：加强肥水管理，增加土壤透气性，增强树体抗病性；避免伤害根颈部造成伤口，增加感染概率；及时消灭地下害虫；育苗时注意消毒。苗木栽植前，用K84生物杀菌剂浸根消毒3~5分钟；发现病株后要彻底清除癌瘤，并及时清理、烧毁，用1%硫酸铜溶液涂抹伤口，并在根系周围浇灌1%硫酸铜溶液；死树及时拔除，用生石灰或1%硫酸铜溶液消毒土壤。

3）细菌性穿孔病

主要发生在新梢和叶片，叶片发病时，初为水渍状斑点，后变为紫褐色至黑色病斑，病斑脱落形成穿孔。枝梢感病后，形成暗褐色水渍状小疱疹，后扩大为圆形或椭圆形，皮层溃疡、开裂，严重时可造成枝梢死亡。

防治方法：彻底清除病枝、病叶，集中深埋或烧毁；增施有机肥,减少氮肥施用,有利于改良土壤,增强树势。树体萌芽前喷1∶1∶100的波尔多液,杀灭树干、翘皮内的病原菌;落花后2周,每7~10天喷70%代森锰锌可湿性粉剂600倍液,连喷2~3次。

2. 虫害

1) 果蝇

主要为害樱桃果实,雌成虫将卵产于樱桃果皮下,孵化后,蛆虫先在果实表层取食,而后向果心蛀食,受害果实逐渐软化、变褐、腐烂。幼虫发育老熟后咬破果皮脱果,脱果孔约1毫米大小。中晚熟品种较早熟品种更易受害。

防治方法:及时清除果园内杂草,减少果蝇藏匿场所,清除落果、裂果、病虫果及残次果,送出园外深埋或用30%敌百虫乳油500倍液喷雾处理,避免孵化出的成虫返回果园为害果实。4月下旬至5月上旬,用50%辛硫磷乳油1 000倍液、2.5%三氟氯氰菊酯乳油3 000~4 000倍液或10%氯氰菊酯乳油2 000~4 000倍液喷果园及周边地面,降低虫口密度,压低果蝇基数;果实采收后,用1%甲氨基阿维菌素苯甲酸盐乳油3 000倍液对树体,尤其是树冠内膛喷雾,减少第2年园内果蝇的发生及为害。

2) 梨小食心虫

主要为害新梢和果实,幼虫多从新梢顶端叶片的叶柄基部进入髓腔取食,蛀孔外有虫粪排出和胶体流出,受害新梢及叶片逐渐干枯死亡。为害果实时,入孔口较大,造成果实腐烂。

越冬前在树干上绑草把,诱集老熟幼虫,第2年春天解除草把烧毁。及时清除病枝、落果,结合果园耕翻施肥,以破坏梨小食心虫幼虫的越冬场所,早春刮老翘皮,减少虫口基数。幼虫刚蛀入新梢尚未转移之前,及时彻底剪除虫梢烧毁。4月上中旬,在果园内悬挂性信息素诱杀害虫,降低种群数量,减少落卵量。当性诱捕器上出现雄成虫高峰后,可进行化学防治,喷施菊酯类农药2 000~3 000倍液,每隔10~15天喷施1次。

3)桃小叶蝉

成虫、若虫刺吸叶片汁液,被害叶初现黄白色斑点后渐扩大成片,严重时全叶苍白早落。

防治方法:成虫出蛰前清除落叶及杂草,减少越冬虫源。若虫孵化盛期(5月中旬、7月下旬)及时喷洒15%茚虫威悬浮剂4 000~5 000倍液或10%吡虫啉可湿性粉剂1 000倍液。

4)山楂叶螨

为害叶片,吸食汁液,受害部位水分缺失,叶背近叶柄处的主脉两侧,出现黄白色或灰白色失绿小斑点,其上易结丝网,发病严重时,叶片出现大面积枯斑,全叶灰褐色,枯萎脱落。

防治方法:在果树主干分枝处绑缚杂草,诱集越冬叶螨成虫,解下烧掉;落叶后彻底清园,减少成虫越冬基数,减少来年害虫发生;果园生草,为天敌提供栖息场所,增加天敌的种类、数量,降低叶螨密度。

(七)采收

为提高入贮果实质量,采收时应注意以下5点。

(1)采收前10~15天,不宜大量浇水、施用氮肥及喷施农药。

(2)樱桃的成熟期不一致,在采收时应该分批进行,时间最好在晴天的10:00以前或者16:00以后,在气温较低、无露水的情况下采收。

(3)采收后进行初选,剔除病烂果、裂果、病果和碰伤果。

(4)采摘后的甜樱桃不能在太阳的直射下放置。

(5)采收时要轻摘、轻放、轻装、轻卸,避免机械损伤。在一株树上采收,应先外后内、先下后上。摘果时手握果柄,食指顶住果柄基部,轻轻掀起即可采下。采下的果实必须带有果柄,不带果柄的果实易腐烂变质。

第二章 蔬菜高效栽培技术

第一节 茄子高效栽培技术

一、茄子的生物学特性

茄子为一年生草本植物，灌木，成株大多高 1 米，枝干绿色，梢枝多紫色，枝体多有茸毛，部分野生株有刺。叶子大多长卵圆形。茄子喜温，北方地区多以保温设施延长栽培季，喜光，光照不足影响产量，喜水而怕涝，需控制好土墒。

二、茄子栽培技术

(一) 栽培方式与栽培制度

1. 茄子塑料大棚栽培

播种期为 10—12 月，分苗期在 2 月上旬，定植期在 3 月上旬至 3 月下旬，收获期在 5 月上旬至 8 月。

2. 茄子中小拱棚栽培

播种期为 10 月至翌年 1 月，分苗期在 2 月中下旬，定植期在 3 月上旬至 4 月上旬，收获期在 5 月中下旬至 8 月。

3. 茄子露地栽培

播种期为 1—4 月，分苗期在 2—5 月，定植期在 4 月至 6 月上旬，收获期在 10—12 月。

(二) 整地施肥

茄子生长对土壤条件要求不严,但需尽量做好轮作倒茬。一般亩施有机肥8 000千克以上,复合肥80千克,并撒施敌百虫防治地下害虫,深翻、精耕、细作、深沟高畦,耙平备栽。

(三) 种子处理

用50℃温水浸泡种子,待水温自然下降到室温后,清水冲洗,然后用1%高锰酸钾溶液浸泡种子13分钟,清水冲洗,接着在室温下浸种5小时,然后将种子放入育种箱内进行变温催芽,白天使育种箱内温度保持在28℃,夜间使育种箱内温度保持在13℃,变温催芽90小时,当种子露白时进行播种。

(四) 播种

苗床中铺入培养土,控制培养土的厚度为3厘米,再将培养土踩实、浇透水,然后撒播催好芽的种子,每平方米播种量为2.5克,不可过密,否则易发生猝倒。

(五) 苗床管理

种子出苗前保持培养土的土壤温度在25℃,一般65~80小时即可出苗,种子出苗后,保持培养土的土壤温度在白天为25℃,培养土的土壤温度在夜间为13℃,在白天使幼苗充分见光,种子出苗后5天,用百菌清喷雾1次,后期逐渐通风,分苗前5~7天加大通风量,进行低温锻炼。

(六) 分苗管理

早春播种的种子在出苗1个月后,秋播的种子在出苗18~20天后,待幼苗长出两片真叶时,进行茄子幼苗分苗。分苗管理分为缓苗期管理和炼苗期管理。

1. 缓苗期管理

保持育苗大棚内恒温25℃,中午遮阴,避开强光直射,3~7天后幼苗的心叶开始生长,然后在夜间将育苗大棚内的温度降至11 ℃，待幼苗长出两片真叶时，进行幼苗分苗，分苗后，用百菌清喷雾1次。

2. 炼苗期管理

分苗后的幼苗在定植前5天加大通风量，并控制浇水，炼苗蹲苗，定植前1天，苗床喷施70%代森锰锌可湿性粉剂或75%百菌清可湿性粉剂600倍液1次，做到带药定植，连阴突晴后1天严禁定植。

(七) 定植

大棚栽培要控制大棚内温度不低于10 ℃，再将幼苗移入保护地定植；露地栽培要在气温不低于14 ℃时，才可定植；早春茄子幼苗定植密度为每亩栽培1 500株，秋茄子幼苗定植密度为每亩栽培900株。

(八) 田间管理

1. 肥水管理

茄子栽培在挂果之前原则上不浇第二次水，若系砂壤土、极早熟品种或苗子长势弱时，可在坐果前轻浇1次发秧水。坐果后要小水勤浇，并每隔7~10天浇施稀粪水1 000千克或复合肥15千克、尿素10千克。

2. 温度管理

保护地栽培注意通风降温排湿，一般从10：00左右开始，16：00—16：30封棚，通风量随外界气温回升由小到大，保持棚内温度处于白天25~35 ℃，夜间15~20 ℃，一般4月中旬后即可去掉棚膜。

3. 其他措施

(1) 及时摘除门茄以下的侧枝，以利提高前期产量。

(2) 每7~15天喷杀虫剂及杀菌剂1次，防止病虫害发生。

(3) 露地及秋延后栽培，可覆盖银灰色地膜，保墒避蚜，减轻病毒病的发生。

(九) 常见病虫害防治

1. 病害

1) 苗期猝倒病

苗期猝倒病俗称小脚瘟,是由瓜果腐霉菌侵染所引起的。该病多发生在早春育苗床或育苗盘上。常见症状:烂种、死苗、猝倒。

幼苗出土后,幼苗茎基部出现水渍状病斑,逐渐病部变黄褐色,条件适宜时很快扩展,病部组织腐烂干枯而凹陷、缢缩,自下而上发展,致使幼苗子叶或幼叶还没有凋萎即成片倒伏,受害严重的造成毁苗。

防治方法:要进行床土及种子消毒,控制好苗床湿度。发病后喷施75%百菌清可湿性粉剂600倍液或70%代森锰锌可湿性粉剂500倍液。

2) 茄子黄萎病

茄子黄萎病又叫半边疯、黑心病。此病多在茄株开花结果后发病,先是自下而上或从一侧的叶片发病,随后向全株发展,所以称"半边疯"。叶片初在叶缘及叶脉间变黄,后发展为半边叶片或整叶变黄,并萎蔫下垂以至脱落,严重时全株叶片脱落只剩光秆。全株性病害,病株根、茎、分枝、叶柄,可见维管束变褐。

防治方法:选用抗病品种和无病种子,实行轮作倒茬。定植时每亩用50%多菌灵可湿性粉剂2千克,加50倍园土穴施。发病初期,用50%苯菌灵可湿性粉剂1 500倍液灌根,每株灌药液500毫升。

3) 茄子褐纹病

茄子褐纹病又名黑纹病、褐斑病、灰霉病、花腐病。茄子褐纹病主要为害果实,叶片上病斑初期为近圆形,后期变为不规则形。病斑初为黄褐色,后呈浅褐色,逐渐变为黑色,病斑处表面密生小黑点。果实上病斑呈近圆形或不规则形,初期为浅褐色、黄褐色、灰褐色至黑褐色斑,后为黑色至黑色稍凹陷的大斑。病斑常连片形成不规则形大斑。果实上的病斑后期常呈现开裂。叶片上的病斑初期为深褐色至黑褐色不规则形斑块,后期变为近圆形至不规则形暗绿色小点。发病严重时病斑可连接成片并相互融合成不规则大块病斑。

防治方法:培育壮苗,可增强植株对病害的抵抗力,减轻发病。尽量使用营养土进行育苗,播种前先将种子消毒,减少病菌来源。茄子与其他茄科蔬菜实行3年以上的轮作,轮作时间一般为2年以上。结果后开始喷洒75%百菌清可湿性粉剂600倍液进行防治。

4)茄子灰霉病

灰霉病病菌在茄子苗期和成株期均可发病,为害叶片、茎和果实。灰霉病在茄子苗期发生为害,茄子茎秆发生缢缩,顶芽水渍状变色,严重时可导致幼苗死亡;成株期多从叶尖叶缘处发生为害,向叶内扩展,形成典型的"V"形病斑。

防治方法:如遇灰霉病应减少浇水,加强通风透光,发现病株及时拔除,并用50%腐霉利可湿性粉剂100倍液,或70%甲基硫菌灵可湿性粉剂1 000倍液,或75%百菌清可湿性粉剂500倍液喷洒,上述3种药混合同时使用效果更佳。

2. 虫害

1)蚜虫

蚜虫群居在叶背、花梗或嫩茎上,以吸食植物汁液为生,并分泌蜜露。叶片发生虫害后,植株叶片发黄,叶面逐渐皱缩卷曲。嫩茎、花梗受为害后,逐渐弯曲变成畸形,影响开花授粉,严重为害后不会开花,无法结实。并导致植株生长受阻,甚至枯萎死亡。

防治方法：用50%抗蚜威可湿性粉剂2 000~3 000倍液、3%啶虫脒乳油1 500倍液喷雾防治。

2）茶黄螨

茶黄螨为害叶片时吸取叶子面的汁，同时吐出丝拉成网，使受害叶子的表面出现黄白色或红色的斑点，严重的话就会变成褐色，也就是生锈的现象，后导致叶子脱落，茄子也会受到伤害，果皮变得很粗糙，还会变成灰色。

防治方法：用10%吡虫啉可湿性粉剂1 000倍液、15%哒螨灵乳油1 500倍液、1.8%阿维菌素乳油3 000倍液进行防治。

（十）采收

茄子以嫩果供食用，如果采收过早，产量低，风味差；采收过迟，不但皮厚籽多，而且品质降低。一般早熟品种在定植后40~50天开始采收，中熟品种定植后50~60天开始采收，晚熟品种则在定植后60~70天开始采收，茄子采收期很长，可以从6月一直采收到9月。

第二节 番茄高效栽培技术

一、番茄的生物学特性

番茄是茄科茄属的一年生草本植物，植株高达2米。茎易倒伏；叶为羽状复叶，基部呈楔形，较偏斜，具有不规则的锯齿；花冠呈辐状，黄色，裂片为窄长圆形；浆果呈扁球形或近球形，肉质多汁液，为橘黄色或鲜红色，表面光滑，花果期夏秋季；种子黄色，覆盖柔毛。

番茄是喜温蔬菜，一般15~35 ℃的温度范围内均可适应番茄生长，生长期最适宜温度为 20~30 ℃。番茄生长最适地温为 20~23 ℃，当地温降到 6 ℃时，根系停止生长。番茄是喜光短日照作物，但大多数品种对日照要求不严格，不需要特定的光周期。番茄地上部茎叶繁茂，蒸腾作用比较强烈，蒸腾系数为 800 左右，需水较多。但番茄根系十分发达，吸水能力较强，对水分要求属半耐旱特点，空气相对湿度 45%~50% 为宜。番茄对土壤要求不太严格，最好选用土层深厚、排水良好、富含有机质的肥沃壤土。

二、番茄栽培技术

（一）选地整地

土壤深翻到 30 厘米左右，以改善土壤结构和通气性，然后再进行整平并做好畦面。在施肥方面，采用有机肥、钾肥和磷肥的组合施肥方式，例如亩施腐熟的有机肥 5 000~7 000 千克、钾肥 10 千克、磷肥 6~8 千克作为底肥。

（二）种子处理

1. 浸种

在播种前，将选好的种子用水浸泡 1~2 小时，然后将种子放在 20~50 ℃温水中不断搅拌 15 分钟，继续浸泡 5 小时，大部分种子露白即可播种。

2. 防治病虫害

将高锰酸钾溶液浓度控制在 1 000 倍左右，将种子浸泡 20 分钟左右，杀死种子表面的病菌和虫卵，减少病虫害的发生。

（三）播种

1. 播种时间

适宜的播种时间是在春季或秋季。

2. 播种方法

多采用撒播的方式，可以将种子均匀地撒在育苗土上，然后用育苗土轻轻覆盖种子，最后盖上一层塑料薄膜以保持湿度和提高地温。

3. 温度控制

在播种后，应该将温度控制在白天 25~28 ℃，夜间 20 ℃ 左右，以促进种子的发芽和幼苗的生长。

4. 合理定植

经过 3~4 天，种子便会发芽，此时幼苗通常已经长出 2~3 片叶子，在地表温度超过 8~10 ℃ 时，选择晴天 16：00 以后进行定植，这样可以避免阳光直射，减少幼苗受到的伤害。

5. 定植株距和密度

定植株距为 50 厘米×35 厘米，定植密度为 3 500~4 000 株/亩，在定植后 1 周左右进行追肥，可以保证每株植物之间的空间和营养充足，有利于番茄的生长和发育。

(四) 水肥管理

在定植后 5~7 天内，应该结合浇水进行一次追施定根缓苗肥，每亩施用 3 千克尿素。

在番茄第一果穗开始膨大时，每亩追施 4 千克左右的氮肥。

在盛花期，第二、第三果穗膨大时，每亩追施 3~4 千克尿素，连续追肥 2~3 次，第一次追肥时可以加施 2 千克磷钾肥。

开花结果开始，使用 0.3% 磷酸二氢钾、0.25% 硼酸溶液 1 000~1 500 倍液整合钙及氨基酸等叶面肥进行喷施，7 天喷 1 次，连喷 3 次。

(五) 植株调整

番茄生长过程中，第一果穗坐果后要搭设倒"人"字架，并进行绑蔓，每花序绑一道，绑成"8"字形，植株生长势强时，应该进行摘心，要保留果穗上的 3 片叶，此外，为了获得大小一致的果实，每花序中应该只留下 4~5 个果，去掉畸形的、较小的、有病虫害的果实,以保证果实的品质和产量。

(六) 常见病虫害防治

1. 病害

1) 早疫病

叶片初生水渍状褐色小斑点,后呈圆形或椭圆形,边缘黑褐色,中央灰褐色,有同心轮纹,果实受害,多在果蒂附近开始,形成圆形或椭圆形暗褐色病斑,病斑凹陷,有同心纹,生有黑色霉层,病果易开裂,提早变红。

防治方法:加强田间管理。一是与非茄科作物轮作。二是增施基肥,尤其是磷、钾肥。三是合理密植,注意通风降湿,及时打枝、打杈和摘除老、病叶,清除病果及病残株。四是浇水宜在晴天上午进行,避免叶面结露,防止空气湿度过大。药剂防治可从苗期开始用50%异菌脲可湿性粉剂800倍液或70%代森锰锌可湿性粉剂400倍液,每隔7~10天喷药1次。

2) 病毒病

病毒病主要有花叶、蕨叶和条斑3种症状。

防治方法:实行两年以上轮作,并结合深翻使带毒植株残体腐烂。播前用清水浸种3~4小时,再放入10%磷酸三钠溶液中浸泡40~50分钟,捞出后清水冲洗干净再催芽播种;也可用0.1%高锰酸钾溶液浸种30分钟。高温干旱年份要及时喷药治蚜,可采用50%抗蚜威可湿性粉剂3 000~3 500倍液喷雾防治。

3) 叶霉病

叶霉病发展快,常在短期内严重为害番茄,造成很大损失。叶片发病先从叶面出现淡黄色褪绿斑,叶背面着生灰白色斑点,其褪绿部分变成圆形或不规则形淡黄色病斑,并逐渐呈黄褐色或褐色。叶背面病斑上生成霉层,发病严重时病斑连片,叶片干枯卷曲。果实发病常在果蒂部发生近圆形硬化凹陷的黑色硬质病斑。

防治方法：选用抗病品种。加强田间管理，涝时注意排水，降低湿度。发病初期可喷施50%甲基硫菌灵可湿性粉剂500倍液。每隔5~7天喷1次，连续3~4次。

4）畸形果

番茄畸形果果实形态与正常果实不同，呈现出尖顶、指形、扁圆等不规则形状。畸形果植株生长旺盛，植株比正常株高大粗壮、萼片肥大、花蕊短粗、花粉少、柱头不规则。

防治方法：选择品质好抗逆性强对低温敏感度不高的品种。合理控制苗期温度，在出苗到破心前，适度降低环境温度，低温炼苗。幼苗出土后，温度控制在昼温20~25℃，夜温12~15℃。育苗周期不宜过长，控制幼苗徒长。合理控制温度使花芽正常分化，减少畸形果的出现。合理施肥浇水。育苗期环境温度较高可以多浇水，土壤含水量保持在90%左右，开花坐果期间保持土壤湿润，水分适度降低有利于根系发育，降低畸形果发生率。避免偏施氮肥，避免苗期营养过剩造成花芽分化异常。如果环境温度偏低，可根据花期适度喷施生长调节剂。

2. 虫害

1）白粉虱

成虫和若虫群聚于叶片背面刺吸植物汁液，致使被害叶片褪绿、变黄、萎蔫，严重时全株枯死。成虫和若虫均能分泌大量蜜露，严重污染叶片和果实，往往引起煤污病的大暴发，为害严重时，蔬菜失去食用价值。

防治方法：物理防治，利用害虫的趋光性采用黄板诱杀或在通风口设置防虫网等措施。化学药剂，可选用噻嗪酮加联苯菊酯混合喷雾，或吡虫啉等药剂喷施。

2) 蚜虫

成蚜和若蚜群集在叶背、嫩茎和嫩尖吸食汁液,分泌蜜露,可以诱发煤污病,加重为害,使叶卷缩、秧苗生长停滞,叶片干枯以致死亡,可传播多种病毒。

防治方法:综合防治,清除田园及附近杂草,减少虫源。有条件时可以采用银灰膜条和涂机油黄板驱避和诱杀蚜虫。药剂防治,溴氰虫酰胺、高氯·啶虫脒、氯虫·高氯氟等药剂。

(七) 采收

1. 收获时间

一般在果实成熟度达到80%以上时即可收获,不同品种的成熟时间有所不同,可根据自己的品种进行判断。

2. 收获方法

用手轻轻摘下果实,避免损伤果皮和果肉,收获后的果实应及时清洗、晾干,以备储存。

3. 储存方法

将干燥的番茄放入透气性好的塑料袋或纸箱中,尽量避免受潮,储存环境温度应保持在10~15 ℃,湿度控制在60%左右。

第三节 辣椒高效栽培技术

一、辣椒的生物学特性

辣椒,又名番椒、海椒、辣子、辣茄,属茄科辣椒属。辣椒根系比较细弱,茎直立,茎高30~150厘米,以双杈分枝为主,一般7~15片真叶时开第1朵花,以后每一分杈处着生1朵花。花为完全花,果实为浆果,辣椒从开花到采收需要20多天。

辣椒喜温、不耐涝、耐旱、喜光而又较耐弱光。辣椒生长发育适宜的温度为20~30℃，温度低于15℃时生长发育完全停止，高于35℃，花粉不能受精而落花。辣椒是中光性作物，只要温度适宜、营养条件好，都能开花结果。

辣椒喜土壤适度湿润而空气较干燥的环境。辣椒对土壤营养要求较高，吸肥量较大。辣椒的辛辣味受氮、磷、钾肥含量比例的影响。氮肥多，磷、钾肥少时，辛辣味降低；氮肥少，而磷、钾肥多时，则辣味浓。

二、辣椒栽培技术

（一）辣椒选种

根据气候环境，可以选择朝天椒、线椒等品种。朝天椒是辣椒果实朝天生长，这种辣椒喜欢温热、光照充足的环境，不耐寒冷和干旱，对土壤要求不高，果实比较多。线椒可以选择毕节线椒、三棵树线椒、二荆条等品种，这种辣椒属于干鲜两用的品种，生育周期短，株高达到71.8厘米，平均分枝7.75次，叶片为绿色，果实从青色逐渐向红色过渡，完全成熟后为红色，果实向下，为长线形，果实长度18.19厘米，果柄5.65厘米，单果鲜重为9.94克，种子千粒重为6.04克，干果色泽鲜艳，产品的商品性比较好。

（二）种子处理技术

在播种前，需要对种子进行处理，以杀死种子表面的病菌、病毒、害虫，激活种子活力，提高种子发芽率。在晴天温度稳定在12℃以上时，将种子放在外面晾晒，晾晒48小时，可以起到抗菌消毒的作用，晾晒时每隔2~3小时将种子翻动1次，确保种子每一个面都均匀受热。晒种后，还需要使用温汤浸种，播种时用种衣剂包衣后播种，种衣剂主要由杀菌剂、杀虫剂、植物生长调节素等构成，这些杀虫剂、杀菌剂可以杀死种子表面和内部的病菌、病毒，植物生长调节剂可以缓慢释放养分，为种子萌芽、生长提供养分，提高种子发芽率。如果使用化学药剂浸泡种子，播种前，还需要对种子进行冲洗，反复冲洗2~3次，再用25~30℃的温水浸泡8~12小时，在吸足水分后，将其撒入苗床育种发芽。

（三）大棚育苗技术

辣椒种子对温度比较敏感，种子在23~30℃的环境下才能发芽，如果环境温度低，则种子不会发芽。考虑到当地的地形、气候分布特点，辣椒育苗尽量可以用漂盘育苗，也可以选择塑料小拱棚湿润育苗，选择南向的地方作为育苗场地，苗床要求排灌方便，没有种植过茄子、番茄、马铃薯等茄科农作物的地块。漂盘育苗技术是一种新型的育苗技术，将装有育苗基质的泡沫穴盘漂浮在水中，将辣椒种子直接撒播在基质中，辣椒苗可以吸收基质和漂浮盘中的水分，并生根发芽。这种育苗技术不需要土壤即可育苗，能够减少辣椒育苗过程中的虫害，是一种新型的育苗技术。

（四）育苗前准备及播种时间

每年7—8月需要开挖土地，并利用高温烘干土壤，可以杀死土壤中的部分害虫、病菌，土壤翻耕后，细碎平整土壤，苗床宽为1.5~1.7米，在土壤上方喷淋一层人畜粪便，晒干后覆盖一层薄膜，可以避免土壤养分流失。如果种植区域的虫害比较严重，则在翻耕的时候，可以喷洒多菌灵、高锰酸钾等农药，为辣椒种子的生长创造有利的条件。根据辣椒的品种确定播种时间，大棚种植则对播种时间没有太严格的要求。将处理好的辣椒种子均匀撒在苗床上，在苗床上覆盖一层细碎的细土或老煤灰，厚度为1厘米左右，以覆盖种子为宜，在表面洒水湿润土表，最后覆盖地膜，在苗床上用细竹竿或竹片围成小拱架，架高0.5~1米，在苗床的头部、尾部和中间位置需要用石头或泥土压实，以免大风将地膜吹走，种子发芽后，可以随时掀开地膜通风换气，以免出现烧苗问题。

(五) 苗期管理

辣椒幼苗对温度的要求比较高，如果温度过低，则幼苗发展缓慢，一般播种后白天的气温为24~34 ℃，土壤温度为20~22 ℃，一个星期内可以出苗，幼苗破土而出后，在叶面没有水的时候，需要在苗床表面撒0.5毫米的细土，可以起到保水保墒的作用，避免苗根倒露。辣椒幼苗长到2~3厘米高的时候，需要进行间苗、定苗，拔除弱苗、小苗、病苗，留下壮苗，可以提高幼苗的成活率。幼苗长到3~6厘米的时候，需要打开小拱棚进行炼苗，每天7：00—10：00和16：00—18：00，可以打开小拱棚进行通风，提高辣椒幼苗抗冻抗寒的能力，提高移栽成活率。如果辣椒秧苗生长过快，则需要喷洒矮壮素，可以减缓秧苗的生长速度，避免秧苗长势过高，容易出现倒伏现象。如果苗期的叶子发黄且有虫眼，则需要喷洒一定的药剂，可以防治病虫害，促进幼苗生长。

(六) 移栽及中耕除草

春季辣椒育苗周期为50~70天，幼苗长到7~8片真叶时可以移栽；夏季辣椒育苗周期为30~35天，幼苗长到5~7片真叶时可以移栽。移栽时，尽量选择植株挺拔、苗壮、根系发达、茎秆粗壮的幼苗进行移栽。辣椒株型比较紧凑，可以适当密植，一般早熟的品种可以适当密植，早熟品种的株距为26~33厘米，每一个洞穴移栽1~2株幼苗，行距控制在40~50厘米；晚熟品种株距为50~60厘米，每一个洞穴移栽1株幼苗，行距控制在65~75厘米，辣椒幼苗定植返青后需要中耕除草1次，疏松土壤，改善土壤的通透性，去除周围的杂草，浅耕1次；在辣椒拔节期和分枝期需要中耕除草1次，杂草在拔除后会很快失去水分而枯萎，将其埋入田垄，成为辣椒的养分，并在植株周围培土，可以提高植株的抗倒伏能力，辣椒植株封垄前，还需要中耕除草一次，以免杂草与植株争夺养分，影响辣椒的产量。

（七）水肥管理

水肥管理直接关系到辣椒的产量与质量。辣椒在不同阶段对于水肥的需求不同，在辣椒的生长过程中，必须根据辣椒各个阶段的需求进行浇水施肥，浇水施肥往往与中耕除草同步进行，除草工作结束后就可以开始浇水施肥。辣椒苗期时的植株和叶子比较小，对水分和养分的需求不大，根据植株生长实际情况进行施肥。如果出现叶子枯黄，则需要追施氮肥；现蕾期到初花期，植株快速生长，对养分的需求比较大，这一时期需要及时浇水施肥，可以喷洒2%尿素或磷酸二氢钾；初花期和盛花期是植株生长最快、对养分需求最大的时期，对氮肥的需求量比较大；盛花期到成熟期，开始结果，植株对于养分的需求减弱，这个时候对磷肥和钾肥的需求量比较大。辣椒是喜温、喜肥作物，但是高温容易烧苗，雨水过多容易淹苗，肥料过多容易烧根，施肥的时候要合理控制水量和施肥量。

（八）修枝整形

辣椒现蕾期至初花期，需要对植株进行修枝整形，去除基部侧枝侧芽，保留顶芽优势，一般保留一个主干和2~3个侧枝即可，抹掉下面的腋芽，剪掉内膛芽、弱枝、残枝，改善辣椒植株的通透性，三级以上的分枝留下2叶打尖，新长出的枝条留下1果和2叶打尖，有助于促进主枝和果实的膨大。在这个过程中，需要中耕除草1次，促进植株新芽生长。

（九）常见病虫害防治

1. 病害

1）辣椒根腐病

通常病部仅局限于根部和茎基部，尤其是在刚定植完至开花坐果这段时间容易发生。发病初期植株缓苗慢，发育不良，后期病株白天萎蔫，傍晚和次日清晨尚可恢复，反复多日后植株枯死。病株茎基部及根部皮层变为褐色至深褐色，呈湿腐状。最后病部缢缩、腐烂，皮层易剥离，露出暗褐色的木质部。

防治方法：非茄科蔬菜进行3年以上的轮作。加强栽培管理。采用起垄栽培，避免大水漫灌，保持根茎部土壤干燥。发病初期喷洒或浇灌50%硫磺·甲硫灵悬浮剂800倍液，或70%敌磺钠可溶粉剂800倍液，每10天1次，连续喷灌2~3次。

2）辣椒病毒病

病毒病常见的有两种类型。第一种为斑驳花叶型，发生比例较大。症状为植株矮化，叶片呈黄绿相间的斑驳花叶，叶脉上有时有褐色坏死斑点，主茎和枝条上有褐色坏死条斑。植株顶叶小，中、下部叶片易脱落。第二种为黄化枯斑型。症状表现为植株矮化，叶片褪绿，呈黄绿色、白绿色甚至白化。植株顶叶变小，狭长，中、下部叶片上常生有褐色坏死环状斑，有时病部开裂，病叶极易脱落。后期腋芽抽生丛簇状细小分枝。

防治方法：选用抗病品种。一般尖椒比甜椒抗病。抗病品种有保加利亚椒、中椒2号、中椒4号、中椒5号、农大40等。及时防治蚜虫。用10%吡虫啉可湿性粉剂1 000倍液，或10%氯氰菊酯乳油1 000倍溶液。

2. 虫害

1）蓟马

蓟马可为害花、叶、果实，受害的叶片出现斑点，表面变皱，发育变慢或畸形。

防治方法：育苗时，清洁田间卫生，将作物残株、杂草进行处理，减少虫源；发生初期采用蓝色粘虫板诱杀；发现虫害后，可使用噻虫嗪、吡虫啉进行防治。

第二章　蔬菜高效栽培技术

2）白粉虱

受白粉虱为害后，辣椒叶片褪绿，逐渐变黄萎蔫；大量害虫分泌蜜露，污染果实，会引起煤污病。

防治方法：在通风口设置防虫网，清理杂草残株；种植白粉虱不喜食的作物；及时摘除老叶、虫叶，及时进行整枝打杈；使用黄色粘虫板进行诱杀；在发生虫害后，可以使用联苯菊酯、噻虫嗪、螺虫乙酯等进行防治。

3）茶黄螨

茶黄螨为害时，多聚集在辣椒幼嫩的新叶背、嫩茎、花蕾、幼果等部位刺吸汁液，手持放大镜能在叶背看见茶黄螨。受害叶背呈灰褐色或黄褐色，具油渍状光泽，叶缘向下卷曲；增厚、变小变窄，为害部位有油腻感、叶边缘卷曲，变硬发脆。受害嫩茎、嫩枝变为黄褐色，扭曲畸形，严重时植株顶部干枯。

防治方法：及时清理残株及杂草；防治蔬菜茶黄螨的药剂可选用43%联苯肼酯悬浮剂。注意轮换使用，减慢害螨的抗药性，同时注意用药间隔期。另外，联苯肼酯在用药过程中不能随意加大浓度和频次，该药在一些地区抗药性问题比较明显。喷药重点应集中在植株上部嫩叶背面、嫩茎、花器和幼果及生长点部位。打药一定"水要够，要打透"。可以搭配渗透剂。

（十）采收

1. 采收时间

辣椒成熟分为商品成熟和完全成熟。商品成熟一般是指甜椒、羊角椒等青食辣椒，椒果完成果实膨大，达到体积最大时的青果成熟称为商品成熟，商品成熟不需辣椒转色，是鲜食辣椒的商品成熟期；完全成熟是指达到辣椒的生理成熟，辣椒转色完成，达到干物质最大时的成熟，一般剁椒、干制朝天椒需要等到辣椒完全成熟才可以采收。商品成熟的辣椒随熟随摘，而对于需要生理成熟的朝天椒来说,需要等到辣椒完全成熟才能得到最大产量。

2. 采收方式

辣椒分为无限生长型和有限生长型两种。无限生长型辣椒由于椒果成熟期不同,所以需要分批采收。一般耗费人工很多,无法使用机械。而有限生长型的辣椒椒果成熟期一致,可以使用机械进行收割,大大降低了人工成本。

第四节 黄瓜高效栽培技术

一、黄瓜的生物学特性

黄瓜是一年生蔓生或攀援草本;茎、枝伸长,有棱沟,被白色的糙硬毛。卷须细,不分歧,具白色柔毛。叶柄稍粗糙,有糙硬毛,长10~20厘米;叶片宽卵状心形,膜质,长、宽均7~20厘米,两面甚粗糙,被糙硬毛,3~5个角或浅裂,裂片三角形,有齿,有时边缘有缘毛,先端急尖或渐尖,基部弯缺半圆形,宽2~3厘米,深2~2.5厘米,有时基部向后靠合。

黄瓜喜热、怕冷,其最适宜的生长温度为25~32℃。黄瓜喜湿、怕涝、不耐旱,要求土壤的相对持水量为85%~95%,空气相对湿度白天80%、夜间90%为宜。黄瓜喜光而耐阴。黄瓜需选择富含腐殖质、透气性良好、既保肥保水又排水良好的壤土进行栽培最为适宜。黄瓜对矿质元素的吸收量以钾为最多,氮次之,再次之为钙、磷、镁等。

二、黄瓜栽培技术

(一)栽培模式

1. 春露地黄瓜

一般终霜期前35~40天开始育苗,苗龄30天左右,当地断霜后选择气温变化周期的寒尾暖头进行定植。郑州地区一般在3月下旬至4月上旬育苗,4月下旬至5月上旬定植,5月下旬至7月中旬供应市场。越夏黄瓜:多在5月中下旬播种,7月中下旬至8月下旬供应市场。由于生长期间降水量大、温度高、病害相对较多,产量较低。

2. 秋黄瓜

7月上旬至8月上旬直播或育苗移栽,供应期由8月下旬到露地出现霜冻拉秧。育苗期间温度高,雌花分化困难,前期生长快,后期低温又限制生长,故产量也较低。小拱棚黄瓜:比露地黄瓜提早15~20天播种、定植。郑州地区一般在3月上旬在小拱棚内直播,覆盖约1个月以后,通过放风,逐渐适应露地环境,最后于4月中下旬撤除棚膜,此时根瓜已坐稳,应立即搭架绑蔓,进行露地栽培。

3. 大棚黄瓜

(1) 大棚黄瓜春提早栽培。栽培的目的在于提早供应,解决春淡问题。一般在1月上中旬至2月上中旬播种,3月上中旬至4月上中旬定植,4月中旬至7月下旬供应市场。近年来,于定植前后在大棚内扣小棚或覆盖双层薄膜,或加盖草帘,或临时加温,又使供应期提前了15~30天,经济效益十分显著。

(2) 大棚黄瓜秋延后栽培。一般7月上旬至8月上旬播种,7月下旬至8月下旬定植,9月上旬至11月下旬供应市场。一般供应期比露地黄瓜延长30天左右。

4. 日光温室黄瓜

(1) 早春茬。一般在12月下旬至翌年1月上中旬播种,2月定植,2月下旬至6月上中旬供应市场。

(2) 秋冬茬。一般8月至9月上旬播种,9月定植,10月上旬至翌年1月上旬供应市场。

(3) 冬春茬。一般10月中下旬播种，11月中下旬至12月初定植，春节前上市，一直供应到翌年6月。日光温室冬春茬黄瓜不加温生产经济效益高，技术难度大，是我国设施园艺技术一项重大突破。

(二) 品种选择

春露地黄瓜：应选用较耐低温，瓜码密，雌花节位低、节成性较强的品种。夏、秋露地黄瓜：应选用耐热、耐湿、抗病性强的品种。

春大棚黄瓜：选择早熟、耐热、抗病、优质的品种，在砧木品种的选择上要选用嫁接亲和力好、具有脱蜡粉能力的南瓜砧木。日光温室黄瓜：生长期处在较长时间低温、弱光的环境之中，应选用耐低温、耐弱光、早熟、抗病、高产优质的黄瓜品种。

(三) 种子保存、质量鉴别

种子应该保存在干燥、避光的环境下，还要防止虫害和鼠害。要购买、种植正规商家和科研单位的黄瓜种子。购买时了解品种特性，是露地品种还是保护地品种，是否符合种植要求和本地消费习惯。选用籽粒肥大饱满，种皮光滑无瑕，生活力强的种子，是培育壮苗的基础。

(四) 各模式下亩用种量

黄瓜种子千粒重一般28~32克，每50克黄瓜种子大概有1 700粒。露地黄瓜一般每亩需种子150克。保护地黄瓜一般每亩也需种子150克。露地直播时为了保证全苗，一般每穴播种两粒种子，所以用种量每亩需种子300克。

(五) 种子催芽技术

1. 种子处理

选取晴好天气，将播种的种子在太阳下晾晒2~3天，促进种子发芽整齐。将种子放入 50~55 ℃ 恒温的热水中，不停地搅拌，烫种 15 分钟，然后捞出种子放入 25~30 ℃ 温水中，将种皮上带的黏质淘洗干净，同时捞去瘪籽和杂质等，浸泡 4~6 小时。也可用 0.1%~0.5% 高锰酸钾溶液浸种消毒，黄瓜种子浸 3 小时后捞起用清水清洗，沥干催芽。

2. 催芽

黄瓜催芽适宜温度为 28~30 ℃，30 ℃ 时 24 小时即可出芽。催芽时种子表面的明水要甩干，每天透气、淘洗后也要甩干。发现开始出芽，立即将温度调低 2~3 ℃，使缓慢出苗，保证幼芽健壮和整齐。

(六) 壮苗培育技术

小拱棚育苗：多用于春露地黄瓜栽培的育苗，为了移栽方便，苗床地一般选在要种植地块的边上。播种时间一般按当地终霜期向前推 35~40 天，根据天气预报选最近 5~7 天均为晴好天气的前一天浸种催芽。苗畦一般宽 1.2 米，常视育苗多少而定。畦间相距 0.8 米，便于取土和管理。作畦时畦内撒施复合肥 5~10 千克/亩，然后搂平。播种前浇大水，要求水深 10 厘米。待水渗干后划成 10 厘米×10 厘米的土块，每块中央平放一粒发芽的种子，胚根向下。然后覆盖 1.5~2 厘米的湿土，盖土要湿润。播种完后，先覆盖一层地膜，然后架上小拱棚，覆盖塑料薄膜，一般不用覆盖草苫。播种 2 天后就要随时观察，一旦有幼苗露头及时揭去地膜，防止高温烧苗。营养钵育苗：这是保护地育苗普遍采用的育苗方式。营养土的配制一般以当地肥沃的菜园表层肥沃土、湾泥和稻田土、大田土等为主。菜园土要无病虫，上茬为非瓜类作物。配合腐熟圈肥、堆肥，再掺入适量充分腐熟的鸡粪、化肥、过磷酸钙和杀虫杀菌剂等，充分混合后填入育苗床内或装入营养钵。不要施未腐熟的有机肥，否则会烧坏苗根，或引起地下害虫为害。园土与有机肥料配比一般为3∶1或7∶4。将配好的营养土装入8厘米×10厘米的营养钵中,营养土距钵口1~1.5厘米,整齐地摆放在整平的育苗床内,浇水。待水下渗后,每钵播1粒露白的种子,上盖1.5~2厘米厚细土,地膜覆盖保湿。

(七) 露地黄瓜栽培管理技术

一般在定植前10~15天结合耕翻土地,每亩施腐熟的优质圈肥1万千克以上,氮、磷、钾复合肥75千克作基肥施用。定植必须在当地绝对断霜后进行,并选择气温变化周期的寒尾暖头进行定植。定植前先作间距1.2米的垄,一垄双行,株距25厘米。可以根据土壤肥力、品种特性、生长期的长短等情况适当调整。定植后立即浇大水,使营养土块与土壤结合紧密,防止幼苗过度失水萎蔫,而延长缓苗期。3天后补浇小水,促使缓苗。

(1) 划锄松土。定植后墒情较好,及时深耕松土,提高地温改善根系的生活环境,促使新根萌发,防止沤根和秧苗徒长。

(2) 肥水管理。在定植时浇透水的情况下,前期吸水量较少,不需浇水。在根瓜坐住后,可以结合第一次促秧肥,每亩追尿素10千克,浇1次催果水。根瓜采收后,可采用顺水追肥的方式每3~5天浇1次水,每隔1次水,追肥1次。

(3) 植株调整。露地黄瓜多采用竹竿搭架,架竿一般需2米以上,在瓜秧高度达25厘米时,即需用竹竿搭"人"字形架,每株一竿。用尼龙绳或稻草将瓜蔓绑缚在竹竿上,每间隔3~4叶绑一次。注意将下部的侧枝摘除,以保留主蔓瓜为主,到后期可以打顶,促使侧枝生长以获得更多的回头瓜,每侧枝只留一条瓜,当侧枝出现雌花后留2片叶打顶。在管理过程中随时将雄花和卷须除掉,对50天以上的老叶和带菌的病残叶及时摘除并清除出园,增加通风透光和预防病害的蔓延。

(八) 夏秋露地黄瓜栽培管理技术

1. 整地作畦与播种

每亩施优质圈肥5 000~8 000千克作基肥,耕翻耙平田土,然后作高畦,有利于夏季排涝。每亩用饼肥100千克、过磷酸钙50千克条施,按1.2米作畦,畦面宽55厘米,两畦之间宽65厘米,畦高12~15厘米,然后浇水,待水渗下后按株距25厘米在畦面两边水线处,点播两粒种芽,覆土后搂平。催芽后播种应避开阳光直射时间,在一天的早晚或阴天播种,防止将种芽晒伤。也可采用干籽随时直播。

2. 田间管理

夏季温度高,出苗快,一般2~3天即可出苗,若出苗前遇上雨水,要注意松土,让秧苗顺利出土,或播种后地上盖草,防止雨后土壤板结,幼苗出土后,于傍晚将盖草清除。保证幼苗健壮生长。

(1) 肥水管理。夏、秋季露地气温高,土壤水分蒸发快,黄瓜植株蒸腾作用大,所以应注意增加浇水次数,最好在早、晚浇井水,以便于降低地温,保证根系的正常发育,在下过热雨后要及时排水,并立即用井水浇灌。因为夏季浇水次数多,降雨多,在追肥上应以速效肥为主,做到多次少量,防止养分流失。

(2) 其他管理。出苗后,地表温度常达30 ℃以上,而黄瓜生长适宜地温为23~25 ℃,为了降低地温,可以采取覆草措施,试验证明,用麦秸覆盖地面,10厘米深地温能降低1~2 ℃,还可防止土壤板结,减少松土用工,若有条件可架顶覆盖防虫网,既能遮光降温,又能防治地上各种害虫,实现无公害栽培。此外夏季温度高、湿度大,还要注意霜霉病,疫病和土传病害的发生和防治。

(九) 保护地黄瓜栽培管理技术

1. 整地施肥

整地施肥最好在播种前的一个月进行,按每亩产10 000千克黄瓜,需施用腐熟的圈肥8~10米^3,或发酵好的优质鸡粪2~3米^3,再施用氮、磷、钾复合肥100千克作基肥。棚室处理:整好地后随即扣棚膜,重茬多年的老棚,需进行高温闷棚处理。先在地面开沟,灌透水,再用天诺"菌线威",每平方米0.3~0.5克,兑水3 500~7 000倍,均匀喷于地表,覆盖地膜。在走道上再进行药剂熏蒸,即每亩用80%敌敌畏乳油25克,拌上干锯末1 000克与2 000~3 000克硫磺混合,分10处点燃,密封棚室,再让太阳暴晒7~10天,晴天室内温度可达到50℃以上,可将空间和土壤的病虫杀灭。育苗前一星期进行通风换气。

2. 作畦

大垄双行栽培,大行距80厘米,小行距40厘米,当地温在12℃以上即可定植。

3. 定植

选晴暖天气,首先在大垄两边开10厘米深的定植沟,按每亩4 000株、株距27厘米,将苗坨定植于沟内,覆土封沟,使苗坨上面与垄平持平,不要将接口埋入土中,防接穗再产生不定根。两行中间形成10厘米的垄沟,单株浇20℃以上的温水定坨,然后用13米宽的地膜将两垄一起覆盖,并破孔将瓜苗拉出。

(十) 田间管理

1. 温度管理

前期为促进缓苗,白天保持28~32℃,夜间20~24℃。缓苗后一般白天保持在25~30℃。进入结瓜期后逐渐进入了深冬季节,以增温和保温为主,对棚室采取变温管理,8:00—

13：00 室温 25~30 ℃，最高不超过 35 ℃；13：00—17：00 室温 20~25 ℃；17：00—24：00 室温 15~20 ℃；0：00—8：00 室温保持 10~13 ℃，不得低于 8 ℃。

2. 肥水管理

总的原则是少量多次。定植后应浇大水使苗土与畦土结合紧实，黄瓜缓苗后心叶开始伸展，新根开始发育，应在膜下浇一次透水，结合追施尿素 10 千克/亩，以促进发棵。根瓜采收以前尽量不浇水，适当蹲苗，促使根向土壤深处生长。采收根瓜以后每隔 10~20 天结合浇水，每亩追施氮、磷、钾复合肥 30 千克左右，并适当补充钾肥。到后期黄瓜可注重叶面补肥。绿亨必多收、天诺颗粒丰交替使用，每 5~7 天喷洒 1 次。

3. 植株调整

棚室黄瓜一般采用吊蔓，当黄瓜植株 5、6 片叶时就应及时吊蔓，以后每隔 3~4 片叶绕蔓 1 次，发现雄花和卷须，随时去掉减少养分消耗。在结瓜中后期逐步注意摘除病叶和 50 天以上的老叶。留瓜以主蔓为主，瓜码过多要进行疏瓜，防止养分分散，造成膨瓜速度慢或化瓜，瓜码少时，对中、上部长出的侧枝，可留一个雌花，雌花以上留 2 片真叶摘心，若侧枝 3 片叶内无雌花，应及早将侧枝打掉。当"龙头"距棚顶 30 厘米时，要进行落蔓，使株高保持 1.5 米左右，功能叶保留 20~25 片比较理想。

4. 棚室空气管理

在适当时机通过放风排出有害气体，排湿，降温，补充二氧化碳。放风的方法：若不是太冷，一般早上揭草苫后室温不下降可小通风，到 10：00 以后室温达到 28 ℃以上时，再通风。下午室温下降至 28 ℃时关闭风口，日落前室内气温下降至 20 ℃左右时覆盖草苫。

(十一) 常见病虫害防治

1. 病害

1) 黄瓜枯萎病

多在黄瓜开花结果后陆续发病，被害株最初表现为部分叶片或植株的一侧叶片中午萎蔫下垂，似缺水状，早晚可以恢复，以后萎蔫叶片不断增多，逐渐遍及全株，早晚不能复原，并很快枯死。病株主蔓基部纵裂，纵切病茎，可见维管束变褐。茎基部、节和节间出现黄褐色条斑，常有黄色胶状物流出，潮湿时病部表面产生白色至粉红色霉层。病株易被拔起。

防治方法：选用抗病品种、选用嫁接苗、轮作、加强田间管理等。播前种子可选用多菌灵、氰烯菌酯处理；发病前或发病初期可选用50%多果定悬浮剂120~160克/亩、3%甲霜·噁霉灵水剂500~600倍液、68%噁霉·福美双可湿性粉剂800~1 000倍液、3%氨基寡糖素水剂600~1 000倍液灌根；32%唑酮·乙蒜素乳油75~94毫升/亩喷雾；视天气和病情轻重7~10天后可再次施药1~2次。

2) 黄瓜红粉病

黄瓜红粉病是近年来温室黄瓜等瓜类蔬菜生产中新发生的重要病害。主要为害黄瓜叶片。叶片病斑呈椭圆形或近圆形，中央为浅褐色，边缘颜色稍深，有黄绿色晕圈，后期病斑扩大为近圆形或不规则形，表面出现粉红色霉状物，即分生孢子梗及分生孢子。

防治方法：适度密植，及时整枝、绑蔓。适时放风降湿，降低棚内湿度，雨后及时排水。选用无滴膜，防止棚顶滴水。增施有机肥及磷钾肥，提高植株抗病性。发病前可用15%百菌清烟剂预防，用量为250~300克/亩。发病后可喷洒25%络氨铜水剂500倍液，或50%咪鲜胺锰盐可湿性粉剂1 500倍液，或25%戊唑醇可湿性粉剂1 500倍液等药剂，7~10天1次，连喷2~3次。

3）黄瓜花腐病

黄瓜花腐病，又称褐腐病，常会造成大量幼瓜腐烂，严重减产。该病是由瓜笄霉引起的一种真菌性病害，世界各国瓜类产区均有发生。主要为害花及幼嫩果实。花被侵染后变为褐色干腐状，湿度大时出现水渍状腐烂。花发病后继而引起瓜条发病，瓜条缢缩呈褐色干腐状。

防治方法：及时摘除病花、病瓜并深埋。加强棚室温湿度管理。注意通风排湿，严禁大水漫灌，降低棚内湿度，创造不利于病害发展的环境条件。发病前可用15%百菌清烟剂预防，每亩用药剂250~300克。花期和幼瓜期适时喷洒10%苯醚甲环唑水分散粒剂1 500倍液，或25%嘧菌脂胶悬剂1 500倍液，或60%多菌灵盐酸盐可溶性粉剂800倍液，或50%甲基硫菌灵可湿性粉剂800倍液，或50%苯菌灵可湿性粉剂1 500倍液等。

2. 虫害

1）蚜虫

为害黄瓜的蚜虫主要为棉蚜（也称瓜蚜），俗称腻虫、蜜虫。蚜虫喜欢群居在叶背、花梗或嫩茎上，吸食植物汁液，分泌蜜露，影响光合作用，从而影响产量，其分泌的蜜露还可诱发煤污病，加重为害。被害植株茎、叶部分变黄，叶面皱缩卷曲。嫩茎、花梗被害呈弯曲畸形，影响开花结实，植株生长受到抑制，瓜苗生长缓慢，萎蔫，甚至使植株提前枯死。老叶受害，提前枯落，缩短结瓜期，降低产量。蚜虫还可通过刺吸式口器传播多种病毒，危害性远远大于蚜虫本身的伤害。

防治方法：黄瓜定植后，采用黄色诱虫板监测有翅蚜（每亩挂放5块），5点法监测无翅蚜。5点法监测时，注意监测温室过道附近植株叶片上的蚜虫。当蚜虫刚出现，还没有造成为害时，就要开展生物防治，释放蚜虫天敌；当蚜虫发生量大时，可先喷施生物农药，再释放天敌。

2）蓟马

黄瓜遭受蓟马为害后，生长点龟缩，叶片卷曲，叶片失绿产生黄色斑点。黄瓜被害后，心叶不能正常展开甚至干枯无顶芽，嫩芽或嫩叶皱缩或卷曲，组织变硬而脆。植株生长缓慢，节间缩短，出现丛生现象。幼瓜受害后，果实硬化、畸形，茸毛变灰褐色或黑褐色，生长缓慢，果皮粗糙有斑痕，布满"锈皮"，严重时造成落瓜。

防治方法：挂蓝色板诱杀成虫，每10米左右挂一块蓝色板，略高于黄瓜生长点15~30厘米，以减少成虫产卵为害。及时清除田间杂草。注意播种期，尽量避开蓟马发生高峰期，以减轻为害。采用遮阳网、防虫网进行防治。喷施农药也是防治黄瓜蓟马的主要方法，可选用100克/升溴虫氟苯双酰胺悬浮剂13~16毫升/亩，于蓟马发生初期喷雾施药1次，安全间隔期为1天；或者选用20%啶虫脒可溶性粉剂7.5~10毫升/亩，于黄瓜蓟马发生始盛期兑水均匀喷雾，视虫情可进行第二次施药，施药间隔期7天，安全间隔期2天，每个作物周期最多使用3次。还可选用20%甲维·吡丙醚悬浮剂20~30毫升/亩，在蓟马发生初期用药，根据害虫发生情况，间隔10~15天可施第二次药，安全间隔期为3天，每季作物最多使用2次。

（十二）采收

一般雌花开放以后7~10天，当瓜条长度和直径达到一定大小，果面略显光滑，刺瘤逐渐稀疏，而种子和瓜皮尚未老化前，黄瓜就可以摘了。采收的标准，从区域和品种上来说，也各不相同。一般黄瓜带花采摘，要求花干而未枯，刺白而未干，为最佳采收期。

在结瓜初期一般2~3天采收1次，在结瓜盛期每天都可以采收。采摘时，最好戴着手套，要轻拿轻放。为防止顶花带刺的幼果创伤，最好放在可承重15~20千克的竹筐、木箱或塑料筐中，周围垫泡沫隔板或薄膜，这样方便长途运输。

第五节　丝瓜高效栽培技术

一、丝瓜的生物学特性

丝瓜为一年生的攀缘草本植物，根系较发达，再生、吸收能力强。茎蔓性，主蔓长4~5米，有的长达10米以上。分枝能力强。每节有卷须。叶掌状或心脏形。雌雄异花同株，果短圆柱形至长圆柱形，有棱或无棱，表面有皱格或平滑。种子椭圆形、扁平。普通丝瓜种子较薄，表面平滑，边缘有翅，灰白色或黑色，千粒重100~120克。有棱丝瓜种子厚，黑色，边缘无翅，脐边有钳状种瘤，千粒重220克左右。

丝瓜具有耐热怕冷、耐湿耐涝的特性。生长适宜温度为18~24℃，在20~30℃，温度越高，生长越迅速，温度低于20℃，特别是15℃左右，生长缓慢，10℃以下生长受到抑制。

二、丝瓜栽培技术

(一) 地块选择

丝瓜喜肥，要想让丝瓜种植实现高产优收，必须选择那些地块向阳、土壤肥沃、土层深厚、土壤有机质含量高、排灌条件便利且土壤pH值中性的地块种植。丝瓜在过酸或过碱的地块上种植，会抑制丝瓜正常生长和结瓜，也不利于根系在土壤中的养分吸收。对于酸性过大的土壤，可以在施基肥时每亩施入30~40千克的石灰进行调节；对于碱性过强的土壤，可以在施基肥时每亩施入 30~40 千克的石膏进行调节。在进行土壤酸碱度调节改良时，施入充足的腐熟农家粪肥或有机肥能够取得更加显著的效果。

(二) 种植时间

丝瓜在一年四季都可以种植，春季一般在 2—4 月种植，夏季一般在 5—7 月种植，秋季一般在 8—9 月种植，冬季一般在 11 月前后种植。但由于我国南北方气候温度上的差异，在实际种植时，一般南方略早些，而北方会略晚一些。

早春和冬季一般在温室大棚内种植（棚内温度达到 15 ℃ 便可种植），夏季和秋季多采用露地种植，秋季也可以采用浸种直播的方式播种，而夏季由于气温高、光照足，植株容易发生旺长和雌花推迟的现象，所以在进行夏种丝瓜育苗时，最好先进行短日照处理。需要注意的是，丝瓜不适合在季节交替期种植，同时也不建议在冬季进行种植。

(三) 催芽及育苗

丝瓜育苗前，应当先把种子晾晒 2~3 天，再放在 30~50 ℃ 的温水中浸种 6~12 小时后捞出，待种子吸足水后，然后用 0.1%高锰酸钾或其他药物进行半小时的消毒杀菌处理，清洗干净后再进行催芽。等催芽到种子露白时，便可在提前准备好的拱棚苗床上进行播种育苗。丝瓜播种后 3~5 天即可出苗，在种子出苗前，苗床温度要始终保持在 20~30 ℃，并要注意保持苗床土壤湿润。幼苗长出后，还要注意通风炼苗，增强幼苗的抗逆性，在定植前一周用磷酸二氢钾进行喷施幼苗，能够提高幼苗的健壮度，让幼苗的根系更加发达。

(四) 定植

当丝瓜幼苗长到 2~3 片真叶时，便可选择晴朗天气时进行带土定植，定植前 7~10 天要提前对种植地施足基肥，然后进行结合整地再进行翻耕。在基肥用量上，每亩可以施入腐熟农家粪肥2 500千克、饼肥100千克、复合肥50千克。在种植密度上，春种和夏种的丝瓜可以适当放宽株行距，秋季种植的丝瓜可以适量密植一些，但不可过大，而大棚早熟品种的种植密度不可过大，否则会影响丝瓜的产量和品质。另外，丝瓜的种植密度还要看品种，比如，丝瓜络每亩可以种植500株左右，早熟品种每亩可以种植700~1 000株，特早熟品种可以种植1 500株左右。需要注意的是，早熟和特早熟品种尤其要注意及时进行打侧蔓整枝，否则会影响正常坐果结瓜。

（五）田间管理

1. 搭架引蔓

丝瓜是一种爬架、主蔓结瓜类作物，在移栽后就应当及时进行搭架，当幼苗长出蔓以后，就要进行引蔓上架或者进行吊蔓，对于植株基部附近结瓜较少的侧蔓，在引蔓或吊蔓时就应当进行疏除。

2. 植株整理

在丝瓜植株整理上，春种丝瓜可以先在主蔓结瓜前疏除掉侧蔓，在主蔓结果后再根据长势情况选留强壮的侧蔓结瓜；夏种丝瓜可以在主蔓下部选择2~3条强壮的侧蔓结瓜，这样可以达到早结瓜、多结瓜的效果；而对于秋种丝瓜因为长势弱、侧蔓少，主要是靠主蔓结瓜拿产量，一般多是通过增加播种植株数量来增加最终产量。丝瓜整枝时，对于长势过旺或过密的侧枝，也应当及时进行摘除，否则对坐瓜和膨瓜不利。对于长势偏弱的植株，在刚开始坐瓜时可以把10叶以下的雌花和幼瓜摘除，这样能够避免因为植株营养不良或不足，而影响坐瓜和幼瓜膨大持续性。

3. 控旺

对于大棚种植的丝瓜，因为温度和湿度都比较高，植株很容易发生徒长现象。对此，可以每亩使用10~15克的15%多效唑兑水15千克，每隔7天喷施1次、连喷2~3次，这样既可以控制植株发生旺长、徒长，又能够增加植株上的坐瓜数量和结瓜质量。

4. 摘心、去雄、除叶

在丝瓜植株上架后，一方面当侧蔓长出2~3个瓜蕾时要及时进行打顶摘心，另一方面要及时把过多的雄花疏除掉，并且在保留植株主蔓顶端2个侧蔓的基础上，疏除掉其他所有侧蔓，当前面保留的2个侧蔓长到10叶时，也应当再对其进行摘心去雄处理。在除叶管理上，要注意及时疏除主蔓下部老叶、黄叶、病叶等（尤其是中后期的老黄叶），这样能够减少养分的无效消耗，把更多的养分集中供给植株坐瓜和幼瓜发育；另外，及时进行除叶，也能改善田间丝瓜的通风透光环境，不仅能够减少病虫害的发生，而且也利于结出更多、更优质的丝瓜。

5. 水肥管理

丝瓜喜肥、抗热、耐湿。从苗期时对水肥的需求就比较多（尤其是特早熟品种），需要勤浇水、勤追肥进行提苗促长，在缓苗到坐果前可以不施和少施肥水。当丝瓜植株进入坐果结瓜期后，此时水肥需求量最大，更要重施水肥（初果期和盛果期各重施肥水1次），以保持土壤湿润、养分充足，否则幼瓜膨果受影响、丝瓜个头小，也容易发生幼瓜脱落现象。可以每7天用稀释的人粪尿或1%复合肥溶追1次肥水，在进入坐果期后，可以用磷酸二氢钾每7天喷施1次，这样既可以满足丝瓜生长与生产对水肥的需求，又能预防丝瓜花中后期发生早衰现象。

（六）常见病虫害防治

1. 病害

1）丝瓜蔓枯病

该病主要为害丝瓜茎蔓，也可为害叶片和果实。茎蔓上病斑椭圆形至梭形,边缘褐色、中部灰褐色,有时病部溢出琥珀色树脂状胶质物,终致茎蔓枯死。

防治方法:加强肥水管理,施充分腐熟有机肥,增施磷钾肥,避免偏施氮肥;注意清沟排渍,增大株间通透性。用70%甲基硫菌灵可湿性粉剂600倍液,或50%咪鲜胺可湿性粉剂1 500倍液,或45%异菌脲悬浮剂1 000~1 500倍液,或12.5%腈菌唑乳油2 500倍液,或75%百菌清可湿性粉剂500倍液,叶面喷雾防治,隔5~6天再防治1次。

2) 丝瓜白粉病

丝瓜白粉病主要为害叶片,先在叶背产生白色粉状圆斑,后在叶片正反两面长出稀疏或浓密的白粉状霉,致叶片局部或全部变黄干枯。

防治方法:选用叶片厚实的抗病丝瓜品种;加强栽培及肥水管理,合理浇水,施足基肥,增施磷、钾肥,大棚经常通风,降低空气湿度。发现病株,可选用75%百菌清可湿性粉剂600倍液、70%代森锰锌可湿性粉剂750倍液防治。

3) 丝瓜轮纹斑病

该病主要为害叶片,发病初病斑褐色呈水渍状,边缘呈波纹状,若干个波纹形成同心轮纹状,病斑四周褪绿或出现黄色区,湿度大时表面现污灰色菌丝,后变为橄榄色,有时病斑上可见黑色小粒点,即病菌分生孢子器。

防治方法:选用耐湿丝瓜品种,选择高燥地块种植,加强田间管理,提高植株抗病力;雨后及时排水,防止湿气滞留。发病初期可选用50%甲基硫菌灵悬浮剂1 500倍液加75%百菌清可湿性粉剂1 000倍液、50%苯菌灵可湿性粉剂1 000倍液防治,每亩喷药液60~70升,隔7~10天喷1次,连续防治2~3次,采收前7天停止用药。

4）丝瓜果腐病

丝瓜果腐病只为害果实，尤其是近地表的果实，发病后即见果实大面积软化，随后病部密生白色霉层，不久在白色霉层上长出密集的蓝黑色球状菌丝状物，致果实腐烂。

防治方法：前茬收获后及时清除病残体，集中深埋或烧毁，以减少初侵染源；控制好棚室或田间相对湿度。发病初期可选用50%硫磺·甲硫灵悬浮剂800倍液、50%苯菌灵可湿性粉剂1 000倍液防治，视病情隔7~10天防治1次，采收前7天停止用药。

2. 虫害

1）美洲斑潜蝇

幼虫在叶片内潜食叶肉，形成弯曲的白色虫道，影响植株正常生长。虫害严重时，大量落叶、落花，造成植株早衰。

防治方法：清洁田园，将杂草及枯枝落叶带出田外烧毁；田间发现零星受害叶片时，及时摘除，集中处理，切忌乱扔；发现虫道时可选用阿维菌素、甲维高氯氟等药，注意轮换交替用药，避免害虫产生抗药性。

2）烟粉虱

成虫和若虫主要群集在植株叶背，以刺吸式口器吸吮汁液，使叶片褪绿、变黄以致萎蔫，降低光合作用和呼吸作用，直接影响植株的生长发育而降低产量。烟粉虱还分泌蜜露，污染叶片和果实，同时还传播多种病毒病。

防治方法：清除田边杂草，消灭中间寄主及滋生基地；可喷洒阿维菌素、噻虫嗪等药防治，隔7~10天防治1次，连续防治2~3次。

（七）采收

丝瓜一般在伸蔓期和结果期分别采收，伸蔓期一般在植株生长20~30天后，结果期一般在植株生长60~80天后，采收时要选择早晨或傍晚气温较低的时候进行,避免高温暴晒对果实的影响。采收时,用手轻轻拨动茎部,使果实脱落,采收后及时将果实放入阴凉通风的地方晾晒,以减少水分损失,待果实表皮干燥后,可进行储存或销售。

第六节 豇豆高效栽培技术

一、豇豆的生物学特性

豇豆属豆科一年生植物。茎有矮性、半蔓性和蔓性3种。南方栽培以蔓性为主,矮性次之。叶为三出复叶,自叶腋抽生20~25厘米长的花梗,先端着生2~4对花,白色、红色、淡紫色或黄色,一般只结两荚,荚果细长,因品种而异,长30~70厘米,色泽有深绿、淡绿、红紫或赤斑等。每荚含种子16~22粒,肾脏形,有红、黑、红褐、红白和黑白双色籽等。豇豆的根系发达,成株主根可深入土壤80厘米以上,侧根较多。

豇豆耐热性强(35 ℃左右高温下仍能正常生长结荚),不耐低温霜冻。豇豆喜阳光,也较耐阴,开花结荚期需要良好的光照,光照不足时落花落荚严重。豇豆要求适量水分,较耐干旱。豇豆适应性强,耐瘠薄、稍耐盐碱,大多数土壤都可种植,但以土层深厚、有机质含量高、排水良好、保肥保水性强的中性壤土为好。

二、豇豆栽培技术

(一)适时播种

豇豆在我国长江以南各地,春、夏、秋季均可栽培,生长季节长,必须根据各种季节的气候条件,选用适当的品种,一般分春季栽培和夏秋季栽培,春季栽培于2月下旬至3月下旬育苗或直播,3月下旬至4月下旬定植,6月上旬至8月中旬采收,7月下旬至8月上旬采种,夏、秋季栽培于5月中旬至8月初播种,7月上旬至10月下旬采收。

(二) 适当密植

选择地势较高、平整、排灌方便、土层深厚、肥沃的砂壤土地块,深沟高畦,畦宽120厘米包沟,每畦种2行,穴距25~30厘米,每穴2~3株,亩植10 000株左右,畦中开沟深施底肥,保持田间干燥勿渍水、通风透光。亩施75千克复合肥,或农家肥2 000~2 500千克和复合肥25千克。

(三) 培育壮苗

豇豆易出芽,一般不需要浸种催芽,育苗的苗床底土宜紧实,以铺6厘米厚壤土最好,以防止主根深入土内,多发须根,移苗时根群损伤大,所以当苗有一对真叶时即可带土移栽,不宜大苗移植,有条件的可用营养钵或穴盘育苗,每钵两苗或三苗。

采用保温苗床或营养钵育苗,并对育苗设施进行消毒处理,避免幼苗带菌,第一复叶开展前移植,营养钵可延迟至具有2~3复叶时移植,定植选择晴天时进行。

直播时苗出齐或定植缓苗后每隔7~10天进行1次中耕,松土保墒,蹲苗促根,伸蔓后停止中耕。

(四) 合理插架

植株吐藤时,就要插架,用"人"字形架或"X"形架,架高2~2.5米,距植株基部10~15厘米,每穴插一根,深15~20厘米,每两架相交,从中上部4/5的交叉处放上横竿并扎紧,引蔓上架一般在晴天中午或下午进行,不要在露水未干或降雨时进行,避免蔓叶折断,引蔓要按反时针方向进行。

插材的高低对产量有直接的影响,过低则不通风,阳光照不到叶片，影响光合作用。

（五）水肥管理

豇豆前期不宜多施肥，以防止肥水过多而引起徒长，一般在活棵后浇一次粪水，现蕾开花和始收后则要加强肥水供应，一般追肥2~3次，每次每亩施人畜粪尿750~1 000千克，如因多雨不能浇粪时，可在行距中间穴施尿素5~10千克，秋季栽培的则一促到底。

苗期切勿偏施氮肥，以免造成植物徒长，叶片变大，通风透光性差，延缓结荚。开花结荚之前，对肥水要求不高。如果苗期肥水过多，会造成蔓叶生长过于旺盛，开花结荚节位升高，花序数目减少，侧芽萌发，形成中下部空蔓，严重影响产量。

当植株开花结荚后，特别是采收第一批荚后，要增加肥水，每亩共施45%复合肥50千克及4千克尿素，8~10天施肥1次，促进翻花，延长采收，提高产量，追肥掌握前期薄施，开花结荚期浓施的原则。注意采第一批荚后，一定要施尿素，增加氮肥，对产量有较大影响。

（六）合理整枝

根据豇豆的特点茎蔓和花序形成的特点，生长期进行整枝。

1. 基部抹芽

主蔓第一花序以下各节位的侧芽一律打掉，促进早开花。

2. 蔓腰打杈

第一花序以上各节位，多数既有花芽又有叶芽，花芽和叶芽的特征是：花芽肥大，苞叶皱缩粗糙，两芽并生，叶芽较小，火炬状，苞叶平展光滑。蹲苗期应及时将各混合节位上的幼小叶芽摘除，促进花芽生长，在侧枝长出的情况下，也可留一叶摘心，利用侧蔓第一节形成花序。

3. 打群尖

中后期，主蔓中上部长出的侧枝，应及早摘心，若肥水条件充足,植株生长健壮,这些侧枝不要摘心过重,酌情利用侧蔓结果。

4. 主蔓打顶

主蔓 2.2~2.3 米长时打顶,促进各花序上的副花芽形成,也方便采收豆荚。

5. 疏叶

如肥水过足,植株营养生长过旺,通风不良时,可摘除过多的叶、枝、老叶、病叶。

以上整枝技术,是在密植基础上主要靠主蔓结荚,增加主蔓的花序数及其结荚数,以达到丰产。

(七)常见病虫害防治

1. 病害

1)锈病

锈病是豇豆上普遍发生的病害,多发生在豇豆生长中后期,主要为害叶片,严重时茎蔓、叶柄、豆荚均可受害,发病初期叶背产生淡黄色小斑点,微隆起,后扩大形成红褐色疱斑,疱斑破裂后,散出红褐色粉,是一类非常容易辨认的病害。

防治方法:与其他非豆科作物轮作 2~3 年。高畦栽培,合理密植,开沟排水,增施磷、钾肥,以增强植株长势,提高抗病力。及时整枝,收获后及时清除病残体,带出田间集中销毁,减少田间菌源。在发病初期喷药,药剂可选用 40%氟硅唑乳油 6 000~8 000 倍液,或 10%苯醚甲环唑水分散颗粒剂 1 000~1 500 倍液,或 15%三唑酮可湿性粉剂 1 000 倍液等。用药间隔期 7~10 天,连续防治 2~3 次。

2)豇豆根腐病

病菌主要侵染植株根部或茎基部,病部产生褐色或黑色斑点,多由支根蔓延至主根,致整个根系腐烂和坏死。病株叶片由下向上黄化，从叶缘开始枯萎但不脱落，最后全株萎蔫死亡。湿度大时从茎基部长出白色菌丝和粉红色霉状物。病株易拔出，根部裂陷且皮层脱落。

防治方法：选用早熟品种，适期早播，起垄种植；增施磷、钾肥，施用有机肥必须充分腐熟；与白菜和葱蒜类蔬菜实行2~3年轮作。发病初期可用70%甲基硫菌灵可湿性粉剂500倍液、50%多菌灵可湿性粉剂300倍液灌根。

3）疫病

该病害主要为害茎蔓、叶片或豆荚。茎蔓发病，多在节附近，尤以近地面处居多。发病初期病部呈水浸状暗褐色斑，后绕茎扩展变褐色缢缩。病部以上茎叶萎蔫枯死，湿度大时，病部表面着生白霉。叶片发病后呈近圆形或不规则形暗褐色斑，表面着生稀疏白霉。

防治方法：实行2年以上轮作。低洼湿地采用垄作，合理密植，雨后及时排水。采收后将病枝集中烧毁。发病初期开始，可喷洒40%三乙膦酸铝可湿性粉剂200倍液，每10天左右喷1次，共喷2~3次。

2. 虫害

为害豇豆的害虫主要有蚜虫、美洲斑潜蝇、豆荚螟等。但最为常见的是豆荚螟。

豆荚螟幼虫蛀食嫩豆荚及荚内嫩豆粒和花，蛀孔外积有粪粒，常引起落荚落花，豆荚食味变苦，豆荚外形扭曲加上虫洞会大大降低豆角的商品性。有时还能卷叶为害，对产量造成一定的影响。

防治方法：清除落叶落荚，减少虫源，利用频振式杀虫灯进行诱杀。现蕾期开始喷洒2.5%溴氰菊酯乳油3 000倍液，或40%氰戊菊酯乳油6 000倍液等。

(八) 采收

豇豆播种后,约经 60 天(春播)或 40 天(夏播)开始采收嫩荚,而开花后经 7~12 天,荚充分长成,组织柔嫩,种子刚刚显露时应及时采收。

采收时应确保所施农药超过安全间隔期,不要损伤花序上其他花蕾,更不能连花序柄一起摘下,应该按住豆荚基部,轻轻向左右扭动,然后摘下。

第三章 油料作物高效栽培技术

第一节 大豆高效栽培技术

一、大豆的生物学特性

大豆是豆科大豆属的一年生草本植物，高 30~90 厘米。大豆茎粗壮，直立，密被褐色长硬毛。叶通常具 3 小叶；托叶具脉纹，被黄色柔毛；叶柄长 2~20 厘米；小叶宽卵形，纸质；总状花序短的少花，长的多花；总花梗通常有 5~8 朵无柄、紧挤的花；苞片披针形，被糙伏毛；小苞片披针形，被伏贴的刚毛；花萼披针形，花紫色、淡紫色或白色，基部具瓣柄，翼瓣篦状。荚果肥大，稍弯，下垂，黄绿色，密被褐黄色长毛；种子 2~5 颗，椭圆形、近球形，种皮光滑，有淡绿色、黄色、褐色和黑色等多样。花期 6—7 月，果期 7—9 月。

大豆性喜暖，种子在 10~12 ℃开始发芽，以 15~20 ℃最适，生长适温 20~25 ℃，开花结荚期适温 20~28 ℃，低温下结荚延迟，低于 14 ℃不能开花，温度过高植株则提前结束生长。种子发芽要求较多水分，开花期要求土壤含水量在 70%~80%，否则花蕾脱落率增加。大豆在开花前吸肥量不到总量的 15%，而开花结荚期占总吸肥量的 80% 以上。

大豆原产于中国，在中国各地均有栽培，以黑龙江大豆最为著名，亦广泛栽培于世界各地。

二、大豆栽培技术

（一）品种选择和播前准备

种植大豆要结合本地雨水情况、品种特性和土壤肥力来选择品种。如干旱少雨地区，宜选用分枝多、植株中等繁茂、小粒的无限结荚习性品种；雨水充沛地区，宜选择主茎发达、秆强不倒、中大粒的有限结荚习性品种。肥力高的土壤每公顷保苗在22.5万株左右，肥力低的土壤保苗超过30万株。黄淮地区可选用当地科研单位培育的高产优质早熟品种，如豫豆19号、冀黄13号、中黄20号、中黄24号、周豆12号等，也可以从北部地区引种种植，如铁丰29号等。辽宁夏播大豆可选黑龙江培育的高产优质大豆品种，如垦农18号等。

种植大豆要实行轮作，防止重茬。轮作倒茬可采用小麦—玉米—大豆或小麦—甘薯—大豆等3年轮作制。在播种前应精选种子，选用粒大、饱满、没有病虫口和杂质的种子，剔除烂籽、小籽、稚籽、霉籽。种子纯度不低于97%，净度不低于98%，含水量不高于13%。微风晴朗天气晾种2~3天，以提高发芽势。有条件的地区可进行播前种子处理，如药剂拌种，用50%多菌灵可湿性粉剂按种子量的0.4%进行拌种，防治根腐病，随拌随播，不宜过夜。

（二）播种期

麦收后及时抢茬早播，适宜播期6月15—25日，早熟种可适当晚播，而中熟种应先播，播种深度3~4厘米，土壤水分较差时适当深一点，水分不足时要浅一点。播种时，土壤水分应达到田间最大持水量的70%左右。一般应于麦收前后浇水造墒，也可在雨后播种。

(三) 种植密度

大豆开花早，在营养生长尚不充分的情况下，就转化为生殖生长，生殖生长会部分地抑制营养生长。只有通过充分发挥群体的增产作用，让群体最大限度地利用太阳光能，才能获得大豆高产。在黄淮海地区，大豆种植密度以每公顷18万~30万株为宜，行株距以宽窄行配置为主，一般宽行40厘米，窄行20厘米，株距10~15厘米。在薄地上种植分枝少的品种，在播种较晚时，种植密度更应加大些。肥地，分枝多的品种，及时早播的种植密度可适当小些。辽宁由于是在春小麦收获后种植大豆，可利用的生长期短。因此，种植密度应适当加大，一般每公顷为37.5万~52.5万株。尖叶、植株矮小的品种，以每公顷45万~52.5万株为宜；圆叶、叶片较大且植株高大的品种，以每公顷37.5万~45万株为宜。种植时，应实行窄行密植，行距一般以35~45厘米为宜。

(四) 田间管理

大豆一般都是早熟品种，植株矮小，生育期短。要在有限的时间内累积较高的生物产量和籽粒产量，大田管理应以促为主，各项管理措施要力争及早施行。

1. 选用早熟良种

一般来说，黄淮海大豆产区北部应选用生育期90余天的早熟品种，中部地区宜选用生育期100~105天的中熟品种，南部地区应选用生育期105天左右的中晚熟品种。在华北，由于小麦收获后整地时间仓促，造成底墒不足，因此，适宜夏播的大豆品种要求能够耐旱出苗。如籽粒较小的品种发芽吸水少，容易出苗。河北的唐山等地区可以到辽宁引种。大豆不要求成熟过早，以能充分利用生长季为原则。辽宁夏播大豆如果选种不当，往往会出现超霜成熟现象，即早霜来时，大豆尚未落叶，霜打过后，叶片变黄，豆荚开始由绿色转为正常色，霜后仍能正常成熟，籽粒逐渐归圆，籽粒含水量可较快降到正常收获的含水量。只要初霜不使大豆完全致死，初霜后回暖时段的积温和光照仍可被大豆利用，因此，不要急于收获大豆。

2. 提早做好播前准备

夏播大豆时，没有充分的时间进行整地施肥，因此，在小麦收获前要有计划地多施一些肥料，做到一次施肥两季用。在小麦收获前要多灌一些"送老水"，为大豆保苗创造良好的条件。大豆一般采用灭茬浅耕播种，墒情好的时候也可留茬播种，即在麦茬行间播种大豆。辽宁夏播大豆以留茬播种为宜。

3. 在早播的前提下，进行早管理

抢早播种是大豆栽培的重要环节。由于播种仓促，播种质量一般不高，加上当时气温高、降雨多，大豆出苗后往往杂草丛生，抑制大豆幼苗生长。因此，要及时中耕除草，防止草荒。雨后或灌水后，立即进行中耕，可以破除土壤板结、疏松土壤和防止水分过度蒸发，从而促进幼苗生长，增加群体生物产量，为获得高额籽粒产量打下基础。出苗后进行查苗补种，即子叶展开、真叶露尖时，足墒查苗补种。第一片真叶展开后停止补种或移栽。一般3~5叶期进行一次间苗、定苗，缺苗断垄处相邻两株或相邻两行双株留苗，确保基本苗数量。4片真叶时及时中耕灭茬。结合中耕，每公顷施入饼肥600~750千克、氯化钾112.5千克、磷酸二铵300千克。大豆分枝后，中耕封根培土，预防倒伏。

4. 早追肥

大豆开花后，营养生长和生殖生长都很旺盛，株高、叶片、根系继续生长，不同节位上开花、结荚、鼓粒同时进行，是大豆生长发育最旺盛的阶段，营养竞争激烈，需肥和需水量大增，而此时植株根系的根瘤菌释放的氮素不能满足其生长需要,初花期追施氮素可促进花的发育和幼荚生长。一般趁雨每公顷撒尿素52.5~75千克,植株生长过旺可酌情减量或不施尿素。土壤肥力差,植株发育不良时,应提前10天左右施用,并适当增加追施数量。叶面喷肥分别于大豆苗期和开花前期进行,每公顷选用钼酸铵兑水稀释为0.05%~0.1%的溶液,或过磷酸钙兑水稀释为2%的溶液750千克+磷酸二氢钾2 250克+尿素1 500克喷雾,每隔7天喷1次,连喷3次,正反叶面都喷湿润,以扩大吸收面,增进吸收,提高肥效,增产显著。大豆施磷肥的增产效果也很好。磷肥宜作基肥施入,也可于苗期结合中耕开沟施入。土壤缺磷时,花期也可追施磷肥,一般每公顷施过磷酸钙375千克左右。磷肥越早施用效果越好。

5. 有条件地区要及时灌水

大豆的生育期短,无须强调蹲苗。应做到苗期不缺水,使花前形成较繁茂的大豆群体。为此,有条件的地区要提早灌水,使大豆苗期土壤水分保持在20%左右。大豆花荚期通常正逢雨季,但有时也会因为雨量分布不均而出现干旱天气,应及时灌水。花荚期的土壤含水量应保持在30%左右,否则会影响大豆产量。

(五)病虫草害防治

为保证大豆品质,病虫草害防治应以农业防治、生物防治、物理防治为主,化学防治为辅。化学用药主要是高效低毒、低残留农药。

大豆苗期极易发生立枯病、根腐病等病害。用种前选用50%多菌灵可湿性粉剂500克或50%福美双可湿性粉剂400克,兑水2千克搅拌溶解,然后均匀拌种100千克,晾干后即可播种;亦可在幼苗真叶期,每公顷选用65%代森锌可湿性粉剂1 500克,兑水750千克茎叶喷雾1次。

大豆从豆株生长到盛花再到结荚鼓粒阶段，极易发生造桥虫、大豆卷叶螟、棉铃虫、甜菜夜蛾和斜纹夜蛾等虫害。这些虫害在田间混合发生，世代重叠，为害猖獗，抗药性强，防治一定要以虫情预报期为准；或者从7月底至8月初注意观察田间是否有低龄幼虫啃食的网状和锯齿状叶片出现，一旦发现要及时用药防治，每7天用药1次，连续3次。每次用药提倡不同类型杀虫剂混配交替使用，以免害虫产生抗药性。前期可选用4.5%高效氯氰菊酯水乳剂稀释1 500倍液，6：00—8：00或17：00，每公顷喷药液750千克。尽量把药液直接喷洒在虫体上触杀，提高防效。后期防治选用生物杀虫剂，如复方Bt乳剂、苏云金杆菌Bt制剂和杀螟杆菌，每克含活孢子100亿，兑水稀释500~800倍液，每公顷茎叶喷雾750千克。亦可与上述任何一种杀虫剂混用。切忌与杀菌剂混用，否则无防治效果。

大豆的化学除草可在播后1~3天、出苗前进行土壤封闭，喷药时要求畦面平整，细土均匀、无大小明暗堡，土壤潮湿，每公顷用50%乙草胺乳油1 500~2 250毫升，兑水450千克喷雾。为确保化学除草质量，一定要准量用药、准量兑水，适期化除，并且要防止重喷、漏喷。

(六) 收获

95%豆荚转为成熟荚色，豆粒呈品种的本色及固有形状时即可收获。若成熟期多雨或低温，应看豆荚的颜色及豆粒成熟情况而定。不炸荚的品种宜延收2~3天。辽宁夏播大豆在早霜来时，不要急于收获。在辽宁由于夏播大豆生长期有限，在选用品种时，尽可能地选用早熟品种。只要大豆进入鼓粒后期，大豆在霜打后仍能继续鼓粒归圆。尽管叶片被霜打脱落但茎秆中的物质仍可输送给大豆籽粒，大豆的百粒重在霜打后仍会不断增加，因此，大豆的收获应以不影响土壤秋翻、在大豆茎秆干枯时收获为佳。在生产专用型品种时，应注意按品种单收、单脱粒、单贮藏，以免混杂。

第二节 花生高效栽培技术

一、花生的生物学特性

花生为一年生草本。花生根部有丰富的根瘤；茎直立或匍匐，长30~80厘米，茎和分枝均有棱，被黄色长柔毛，后变无毛。叶通常具小叶2对；托叶长2~4厘米，具纵脉纹，被毛；叶柄基部抱茎，长5~10厘米，被毛；小叶纸质，卵状长圆形至倒卵形，长2~4厘米，宽0.5~2厘米，先端钝圆形，有时微凹，具小刺尖头，基部近圆形，全缘，两面被毛，边缘具睫毛；侧脉每边约10条；叶脉边缘互相联结成网状；小叶柄长2~5毫米，被黄棕色长毛。花长约8毫米；苞片2枚，披针形；小苞片披针形，长约5毫米，具纵脉纹，被柔毛；萼管细，长4~6厘米；花冠黄色或金黄色，旗瓣直径1.7厘米，开展，先端凹入；翼瓣与龙骨瓣分离，翼瓣长圆形或斜卵形，细长；龙骨瓣长卵圆形，内弯，先端渐狭成喙状，较翼瓣短；花柱延伸于萼管咽部之外，柱头顶生，小，疏被柔毛。果荚果长2~5厘米，宽1~1.3厘米，膨胀，荚厚，种子横径0.5~1厘米。花果期6~8月。

花生宜生长在沙质温暖地区，具有与根瘤菌共生固氮的特性。花生喜温，生长期要求积温在2 500~4 800 ℃，一般发芽温度要求达到15 ℃，开花期温度要求在22~25 ℃；对水较为敏感，自身耐旱性较强；属于短日照植物，对光照要求并不太严格；对土壤的适应性较强，耐瘠、耐酸性土，在pH值5~8的土壤中均可生长。

二、花生栽培技术

(一) 土壤选择与整地施肥

1. 土壤条件

花生对土壤的要求不太严格，除特别黏重的土壤和盐碱地外，均可种植花生。花生是地上开花、地下结果的深根作物，土层深厚、土质疏松通气是高产稳产的基本条件。适宜的土壤条件是耕作层疏松、活土层深厚、中性偏酸、排水和肥力特性良好的壤土或砂壤土。

全土层50厘米以上，耕作层厚度一般为30厘米，上部结荚层厚度一般为10厘米的松软土层。适宜花生种植的土壤pH值为5.5~7.0。

2. 轮作换茬

前作施肥、培肥地力是花生增产的基本环节。花生与棉花、烟草、甘薯等轮作，既有利于花生增产，也有利于与其轮作作物增产，但花生不宜与豆科作物轮作。

花生忌连作。连作花生病虫害严重，表现为植株矮、叶片黄、落叶早、果少果小、减产明显。

合理轮作，特别是水旱轮作对防治花生枯萎病（包括青枯病、冠腐病）具有良好的效果。

深耕增肥、防除病虫害、选用耐连作品种等措施，在一定程度上可减轻连作危害，但仍不能根本解决连作的影响。

3. 播前整地

播前整地的总体要求是土壤疏松、细碎、不板结，含水量适中，排灌方便，有利于花生的生长发育。

北方由于春季空气干燥,土壤容易丧失水分,播种前通过耙耕结合整地保墒。平作整地适于灌溉条件差或平原沙地;垄作整地适于灌溉条件好或进行高产栽培的地块;垄作或高畦整地则适于低洼地。

南方春季雨水较多,花生地需要起畦,方便排灌,减少渍水。水旱轮作地块,最好采用三级排灌沟。一级沟(畦间小沟)深度20~27厘米,底宽17~27厘米;二级沟(田间"十"字沟和四周环田沟)深度27~35厘米,底宽27~33厘米;三级沟(田外排水沟)深度50厘米以上,底宽33厘米以上。

4. 施足基肥

基肥是花生壮苗、花多、果多、果饱的基础,施用量应占总施肥量的80%左右,从而实现花生"三叶三个杈,八叶六条丫"(即早分枝、多分枝)的高产基础。

基肥的主要施用方式:一是全层或分层施,肥料数量较多时采用;二是条施(沟施),开行播种时采用;三是集中穴施,肥料数量较少时采用。

(二)品种选择

应根据当地的自然条件和生产方式选择适宜的品种,北方花生生产区,应选用增产潜力大的大果型、中晚熟的普通型或中间型品种,生育期130天左右;无霜期短,丘陵和一般肥力的地块及南方花生生产区,可选用中早熟的中果珍珠豆型品种。南方春秋两熟制省区,花生采用上年秋植花生种子作种,称为"秋翻留种"。

(三)播前种子处理

播前要带壳晒种,选干燥的晴天晒种1~2天,最好在土晒场上晒,以免高温损伤种子;在剥壳前应进行发芽试验,以测定种子的发芽势和发芽率，要求发芽率达95%以上。北方播种前10~15天剥壳（南方播种前1~2天剥壳，随剥随播，避免过早剥壳使种子吸水受潮、病菌感染或机械损伤）。剥壳后应把杂种、秕粒、小粒、破种粒、感染病虫害和有霉变特征的种子拣出，特别要拣出种皮有局部脱落或子叶轻度受损伤的种子，余下饱满的种子按大小分成两级，饱满大粒的作为一级，其余的作为二级。

(四) 适期播种

珍珠豆型和多粒型品种地温稳定在12℃以上才能发芽，普通型和龙生型品种则需要在15℃以上才能发芽。一般而言，北方大部分花生产区花生的适宜播期为4月下旬至5月上旬，即谷雨至夏至；华中地区花生的适宜播期为4月，即清明至谷雨；南方大部分花生产区花生的适宜播期为3月下旬至4月上旬，即春分至清明（广东为2月，海南为1月）。地膜覆盖栽培可提前10~15天，河南、山东、河北等地地膜覆盖花生的适宜播期一般在4月10—25日。丘陵旱地地膜栽培花生延迟到5月播种，可使花针期与雨季吻合。

(五) 播种方式

1. 北方花生栽培方式

北方花生栽培方式主要有以下两种。

1) 平作、垄作、地膜覆盖等

平作：行距一般为40厘米，株距一般为25厘米。

单行垄作：一般垄距40~45厘米，垄高10~12厘米。

双行垄作：一般垄距90厘米，垄高12~15厘米，小行距35~40厘米，大行距50~55厘米，地膜覆盖栽培全部采用双行垄种，露地栽培也可进行双行垄种。

2) 小麦、花生两熟制栽培方式

麦行套种、麦后夏直播、大沟麦套种、小沟麦套种。大沟麦套种方式，可覆盖地膜，适于中上等肥力土壤，以花生为主，或晚茬麦等条件进行种植。一般垄距90厘米，垄高10~12厘米，小行距35~40厘米，大行距50~55厘米，垄宽55~60厘米。选用早熟、大穗、边行优势强的小麦品种，小麦产量为平种的60%~70%。小沟麦套种方式，小麦秋播前起高7~10厘米的小垄，沟宽13~16厘米，内播小麦两行或一行。麦收前20~25天垄顶播种一行花生。

2. 南方花生栽培方式

一般水田花生畦宽140~150厘米（包沟），每畦播种4~5行，行距23~27厘米，垄高15厘米，沟底宽40厘米，株距17~20厘米；干旱坡地花生畦宽160~200厘米（包沟），每畦播种6~7行，行距23~27厘米，垄高15厘米，沟底宽40厘米，株距17~20厘米。播种方式为小丛植、单株植和开阔行窄株植3种。双粒播行距23~27厘米，穴距17~20厘米；单粒精播行距20~25厘米，穴距10~14厘米。

3. 种植方式

北方花生春播有平种、垄种、畦种、地膜覆盖等方式。两熟制花生，前茬主要为小麦，有大沟麦套种、小沟麦套种、行行套种和夏直播等方式。

（1）平种。即平地开沟（或开穴）播种。土壤肥力高，无水浇条件的旱薄地和排水良好的沙土地，均适于平种。平种简单省工，可随意调节行穴距，适合密植，宜于保墒，是北方花生基本的种植方式。缺点是在多雨、排水不良条件下，易渍涝，烂果较多，收刨易落果。

（2）垄种。垄种是在花生播种前先行起垄，或边起垄边播种，花生播种在垄上。垄种便于排灌，结果层疏松，通气好，春季升温快，在春季保墒好的条件下，苗壮、烂种轻。起垄种植花生清株彻底、省工，中耕时不易埋苗、压蔓，培土恢复垄形后，有利于通风透光，土壤昼夜温差大，荚果发育好。缺点是起垄要求行距稍大，一般不小于46.2厘米。单行垄种：垄距40~50厘米，垄高10~12厘米。双行垄种：垄距90厘米左右，垄高10~12厘米，垄面宽50~60厘米，种双行，垄上小行距35~40厘米，垄间大行距50~55厘米。

（3）畦种。也称高畦种植，我国长江以南和美国、印度普遍采用。优点是便于排灌防涝，适合于多雨地区或排水差的低洼地以及丘陵地。畦宽140~150厘米，沟宽40厘米，畦面宽100~110厘米，种4行花生。鲁南和苏北，也有畦种习惯，也称"小万"种植。畦宽视地势而定。

（4）大沟麦套种。小麦播种前起垄，垄底宽70~80厘米，垄高10~12厘米，垄面宽50~60厘米，种2行花生，垄上小行距30~40厘米，垄间大行距60厘米；沟底宽20厘米，播种2行小麦，沟内小麦小行距20厘米，大行距70~80厘米。花生播种期可与春播相同或稍晚，畦面中间可开沟施肥，也可覆盖地膜，或结合带壳早播。这种方式适用于中上等肥力土壤。

（5）小沟麦套种。小麦秋播前起高7~10厘米的小垄，垄底宽30~40厘米，垄面种1行花生；沟底宽5~10厘米，用宽幅耧播种1行小麦，小麦幅宽5~10厘米。麦收前20~25天垄顶播种花生。

（6）花生的播种方式。有双粒条播、单粒条播、小丛穴播、宽窄行、宽行窄株等。一般每穴播种2~3粒，播种深度以16~17厘米为宜，地膜栽培播种深度为3厘米。先播种后覆膜方式，出苗开膜孔后要在孔周围盖一把土；先覆膜方式则在播后压实时在膜孔上盖土。

4. 播种方法

(1) 垄作。开沟深5厘米左右,因墒情而定。先施种肥,再以每穴2粒等距离下种,均匀覆土,镇压。

(2) 覆膜栽培。分先播种后覆膜和先覆膜后播种两种方法。先播种后覆膜可采用机械或人工进行。机械播种可一次性完成整地、施肥、喷施除草剂、播种、覆膜、压土等工序。人工方法是在畦面平行开两条相距40厘米的沟,深4~5厘米,畦面两侧均留13~15厘米。沟内先施种肥,再以每穴2粒等距下种,务必使肥种隔离,均匀覆土,使畦面中间稍鼓,呈微弧形,要求地表整齐,土壤细碎。然后,喷除草剂90%乙草胺乳油,每亩用量60~90毫升,兑水40~50千克喷洒。如墒情不好,要加大兑水量,均匀喷洒,使土壤保持湿润。最后,用机械覆膜或人工覆膜,要求膜与畦面贴实无折皱,两边攒土将地膜压实。最后在播种带的膜面上覆土成10~12厘米宽、6~8厘米高的小垄。

5. 种植密度

花生合理密植的密度范围掌握在结果期封行为宜,合理密植的花生长相总的要求是"肥地不倒秧,薄地能封行"。一般生产条件下,珍珠豆型花生种植密度为每亩1.8万~2.2万穴;普通型花生为1.1万~1.4万穴,基本控制在15厘米×27厘米为宜。在生育期长、植株高大、分枝性强、蔓生型品种,以及高温多雨、土壤肥沃、管理水平高的条件下,应适当稀植;反之则密一些。

(六) 施肥与水分管理

1. 施肥方法

花生施肥应掌握以有机肥料为主,化学肥料为辅;基肥为主，追肥为辅；追肥以苗肥为主，花肥、壮果肥为辅；氮、磷、钾、钙配合施用的基本原则。

（1）基肥。花生基肥施用量一般应占施肥总量的70%~80%，以腐熟的有机质肥料为主，配合过磷酸钙、氯化钾、石灰等无机肥料。基肥的氮、磷、钾可按1:1:2的比例施用。基肥用量少的，宜集中作盖种肥，以利幼苗生长。草木灰、硫酸钾、石灰等宜结合播前整地，均匀撒施，耙匀后起畦播种。过磷酸钙要提早15~20天以上与腐熟土杂肥堆沤，以利于提高磷肥的肥效。

（2）追肥。应以幼苗期追肥为主，花期、结荚期追肥为辅，饱果期根据植株状况决定是否根外追肥。

苗期3~5叶期施用速效性氮肥，对促进分枝早发壮旺和增加花、荚数等方面有良好的效果。一般每亩用尿素5~6千克，或人畜粪水1 500~2 000千克。

开花、结荚期始花后对养分吸收增加，但根瘤菌也开始源源不断地供应花生氮素营养，如追施氮肥过量，易引起花生后期茎叶徒长和倒苗现象。因此开花以后一般不进行根际追施氮肥，而主要是抓住花生始花期结合最后一次中耕除草，施用钙肥和钾肥。通常每亩施用石灰和草木灰各25~50千克。

2. 花生的需水规律

花生有较强的耐旱能力，同高粱和谷子一样被称为"作物界的骆驼"。据测定，花生每合成1克干物质需消耗水分450~500克。不同生育阶段需水总趋势是两头少、中间多，即幼苗和饱果期需水较少，开花结果期需水多。各生育期需水量占全生育期的需水量为：播种至出苗3.2%~7.2%，齐苗至开花11.9%~24%；开花至结荚阶段中熟大花生48.2%~59.1%，早熟花生51.4%~52.1%；饱果成熟阶段中熟大花生22.4%~32.7%，早熟花生14.4%～25.1%。花生需水临界期为盛花期，需水最多的时期为结荚期。即盛花期是花生一生对水分最敏感时期，一旦缺水，对花生产量造成的损失最大，而结荚期为花生一生需水最多时期，缺水干旱造成的产量损失很大。

3. 花生水分管理

花生水分管理应该是既要保证有充足的水分供应，尤其是花针期和结荚期，又要防止干旱和水分过多对花生的危害，一般以保持土壤最大持水量的50%～70%为宜。当持水量低于40%以下时，应注意灌水。灌水方法要采取顺垄沟灌，不能漫灌，灌后适当时间要对垄沟进行一次深中耕保墒防旱。当土壤最大持水量大于80%以上时，应注意排水。不同生育期水分管理的要求有所不同，可概括为"燥苗、湿花、润荚"，也就是苗期宜少，土壤适当干燥，促进根系深扎和幼苗矮壮；花针期宜多水，土壤宜较湿，促进开花下针；结荚期土壤润，既满足荚果发育需要，又防止水分过多引起茎叶徒长和烂果烂根。据此，苗期土壤水分控制在田间最大持水量的50%左右，花针期70%左右，结荚期60%左右，饱果期50%左右较为适宜。

(七) 田间管理

1. 查苗补苗

当花生出苗后，要及时进行查苗，发现缺苗严重，要及时补苗。一般在出苗后3～5天进行该项工作。

2. 清棵壮苗

苗基本出齐时进行清棵壮苗。先拔除苗周杂草，然后把土扒开，使子叶露出地面，注意不要伤根。清棵后半个月左右再填土埋窝。

引升子叶节出土是近年来使用的新技术。花生在出苗过程中顶裂表土，裂缝透光，芽苗见光后下胚轴停止生长是子叶节不出土的根本原因。传统栽培法是花生齐苗后进行清棵蹲苗。引升子叶节出土则改变了传统的平播垄作栽培。即露地栽培要按播种行的宽窄做好垄，然后在垄上播种花生，再覆土成尖形顶的垄，当播种后7~8天，留下子叶上面1厘米厚的薄土，把上面的浮土撤行上堆成高7~8厘米的土垄，当花生出苗时，将膜上的土垄撤掉。据试验，通过引升子叶节可使每株花生增加果实4~5个，甚至更多。实现花生种植机械化减粒增穴、单株密植技术和直播覆盖膜引升子叶节出土技术的实施，可实现花生种植机械化。

3. 中耕除草

在苗期、团棵期、花期进行3次中耕除草。注意防止苗期中耕拥土压苗；花期中耕防止损伤果针。

4. 控制徒长

北方覆膜花生高产田，或者南方花生，由于水肥条件较好，前期生长发育快，中期生长旺，结荚初期易发生徒长现象。应用15%多效唑可湿性粉剂50克兑水50千克喷洒，但要避免喷洒在果针上。对徒长严重的田块，隔7~10天再次喷药控制。

(八) 常见病虫害防治

花生病害主要有褐斑病、黑斑病、锈病、病毒病、根腐病等。虫害主要有蛴螬、蚜虫、银蚊夜蛾等。

1. 叶斑病

花生叶斑病分褐斑病和黑斑病两种。花生褐斑病叶片受害时，病斑初生圆形或不规则形、直径为1~10毫米，叶片正面病斑暗褐色，背面褐色或淡褐色，周围有黄色晕圈。在潮湿条件下，大多在叶正面病斑上产生灰色霉状物，严重时，几个病斑汇合在一起，常使叶片干枯脱落，仅剩顶部3~5个幼嫩叶片。茎部和叶柄的病斑为长椭圆形、暗褐色、稍凹陷。黑斑病与褐斑病可同时混合发生，黑斑病病斑一般比褐斑病小，近圆形或圆形，直径1~5毫米，颜色较褐斑病深，呈黑褐色，叶片正反两面颜色相似，病斑周围黄色晕圈不明显。病害晚期，叶背面病斑生有轮纹状排列的小点，并有一层灰褐色霉状物；病害严重时，产生大量病斑，引起叶片干枯脱落，茎秆变黑枯死。

防治方法：花生始花期病叶率达到10%~15%时开始施药，药剂选用50%多菌灵可湿性粉剂1 500倍液，80%代森锰锌可湿性粉剂400倍液或75%百菌清可湿性粉剂600~800倍液。

2. 蚜虫

花生"顶盖"尚未出土时，蚜虫即钻入土内为害幼茎嫩芽。花生出土后，多在顶端心叶及嫩叶背面吸取汁液，始花后聚集在花萼管和果针上为害，使花生植株矮小，叶片卷缩，影响开花下针和正常结实。严重时，蚜虫排出大量蜜汁，引起霉菌寄生，使茎叶变黑，能致全株枯死。

防治方法：合理邻作。花生田周围地块尽量避免种植豌豆、槐树等其他寄主植物，以减轻为害。适时播种，合理密植，防止田间郁闭；适时灌溉；清洁田园，清除田间病残体，以及铲除田间及周边杂草，破坏蚜虫生存环境。保护与利用天敌。建议在花前尽早防治蚜虫，打药时间最好在16：00以后，推荐用15%氟啶虫酰胺·联苯菊酯悬浮剂防治蚜虫，可适当增加喷水量，做到打匀打透。

(九) 收获

适时收获是花生丰产丰收的重要环节，确定收获时期，要做到"三看"：一看地上长相，植株顶端不再生长，中下部叶片大部脱落，上部叶片变黄，傍晚时叶片不再闭合，表明植株衰老，抓紧时间收获。二看地下荚果发育情况，拔起植株，多数荚果网纹清晰，剥开荚果，果壳内的海绵层有金属光泽，籽粒饱满，种皮发红，表明成熟，应立即收获。三看自然气候变化，昼夜平均气温在15℃以下时，荚果不再生长，应立即收获。目前生产上花生收获方式有拔收、刨收、犁收、机械收获等。

第三节　油菜高效栽培技术

一、油菜的生物学特性

油菜是一年生或多年生草本。直根系，茎直立，分枝较少，株高30~90厘米，叶互生，分基生叶和茎生叶两种，基生叶不发达，匍匐生长，椭圆形，有叶柄，大头羽状分裂，顶生裂片圆形或卵形，密被刺毛，有蜡粉。茎生叶和分枝叶无叶柄，下部茎生叶羽状半裂，基部扩展且抱茎，两面有硬毛和缘毛；上部茎生叶提琴形或披针形，基部心形，抱茎，两侧有垂耳，全缘或有枝状细齿。花期5—7月，总状无限花序，着生于主茎或分枝顶端。花黄色，花瓣4片，为典型的"十"字形。雄蕊6枚，为四强雄蕊。果期8—9月，长角果条形，先端喙，种子球形，紫褐色。

油菜是喜冷凉、抗寒性较强的作物。在北方，露天、拱棚均可种植，且适宜在地力肥沃、土壤疏松、排水良好的壤土和砂壤土中种植。

二、油菜栽培技术

油菜机械直播是近几年发展起来的一项省工、高产、高效的栽培技术。与移栽油菜相比，油菜机械直播具有播种速度快、效率高、减少育苗和移栽用工、节约用地、降低生产成本和减轻劳动强度的显著优势，尤其适合规模经营。机械播种还可以实现播种、开沟同步进行，有利于提高出苗率。

(一) 稻田选择和准备

油菜浅耕直播宜选择排水良好、土壤肥力较高的一季晚稻田。在晒田前后根据排水难易开好腰沟、围沟，以防晚稻收割前降雨影响机械直播，要做到有备无患，确保晚稻收割后能迅速机械直播。

(二) 品种选用

油菜机械直播播种一般要比育苗移栽推迟10~20天，且播种深度很难均衡一致，因而机械直播油菜宜选用生育期较短、籽粒大、出苗快、发棵早的冬春双发品种。大粒种子贮藏能量充足，子叶顶土能力强，有利于一播全苗。冬春双发型品种出苗快、发棵早，能充分利用冬前有限的生长时间达到菜苗安全越冬的生长量，有利于直播油菜安全越冬。

(三) 适期早播

选择单季晚稻成熟期较早、集中连片面积相对较大、辐射面广的田块。要收获油菜籽的应尽量早播。总之，在不影响前作的前提下，播种越早，主茎叶片数越多，菜薹越大，花开越繁茂，菜籽产量越高。

(四) 适墒播种

适墒播种是保证一播全苗的关键，干旱影响出苗及菜苗生长，受渍易造成烂根烂种和僵苗不发。水稻茬口要造墒备播。做好稻田后期的水浆管理，保持田间干湿交替。天气干旱时在水稻让茬前1周左右灌一次"跑马水"，保持足墒。水稻留茬高度10厘米左右，并清除田内稻草，削高垫低，防止洼塘积水烂种。水稻收获后应尽量做到早播种、早出苗、早发苗，使油菜在冬前获得较理想的营养生长量，从而增加一生的总叶片数，提高一次分枝的数量和质量，为中后期增枝、增角、增粒奠定基础。

旱作茬口在适期播种前，及时清理田间杂草残茬，施入基肥，一般每亩用40%的复混肥20~30千克，硼肥0.75~1千克（菜用和赏花油菜可不施硼肥）。然后浅耕整地，按1.7~2米开厢，厢沟宽30厘米，按田块大小确定主沟条数，四周开围沟，做到"三沟"相通。播后要迅速组织人力疏通"三沟"，确保雨住田干，为油菜主根深扎创造有利条件。

（五）精细播种

一般每亩播种量0.3~0.4千克，直播油菜因营养生长缩短，单株荚果少，一季稻田收获油菜籽的要以苗多取胜，依靠主花序和一次分枝夺高产，确保收获时每亩达到2万株以上；菜用油菜可适当降低播量，以促进个体生长；肥用和赏花油菜播种偏迟，可适当提高播量，达到以密减氮、以密补迟、以密增产和增效的目的。

播种行距一般为40厘米，播种深度为1~2厘米。播种时要均匀一致，不漏播、重播。

目前油菜机械直播方法有两种，一种是使用油菜专用播种机播种，另一种是使用稻麦条播机作适当调整后进行种肥混播。

播种时开较慢挡，并注意调节播种管口种子流速，确保播量适宜。同时边播边旋耕盖种，旋耕深度保持在1~1.5厘米，过深过浅对出苗都不利。播种前要认真检查机具，播种时要经常察看播种管是否被堵塞，以防造成缺苗断垄，播种时行走要平稳，在保证农艺要求的播量、播深和行距的前提下，要根据地块大小和形状选择最佳的行走路线和播种方法，在前进过程中速度要均匀，尽量不要中途停机，否则停机处因落种过多，易造成丛生苗。播种机未提升不能倒退。

（六）保湿促齐苗

油菜出苗和生长既怕干旱又怕淹水。播种后如土壤干燥应灌"跑马水"1次，将田间土壤湿透，以确保一播全苗。油菜种子如不能迅速吸足水分，就难发芽出苗。齐苗后如果田土干燥发白，还要灌"跑马水"1次。

油菜播种后，若冬春降雨较多，极易发生渍害，导致僵苗和死苗。因此要及时清沟沥水，确保"三沟"畅通，达到雨住田干，防止渍害导致僵苗和死苗。尤其是湖区稻田油菜，往往因为排水不畅，而导致前功尽弃。

（七）化学调控

直播油菜冬前营养体较小，根系不发达，如遇上寒潮则容易引起冻害，要及时做好化控防冻工作。化学调控是机械直播油菜防冻、抗倒伏、获高产的一项重要技术措施。在12月中旬，每亩用15%多效唑可湿性粉剂30~40克兑水30千克喷雾，能促进油菜越冬期的根系生长，使根茎增粗、根系发达，同时能矮化植株，使绿叶多而厚，增强防冻抗寒能力，有利于壮苗越冬。

（八）间苗定苗

出苗后，及早间苗，间苗标准为"去密留稀，去杂留纯，去弱留强，去病留健"，同时检查有无断垄缺行现象，尽早进行移栽补空。4~5叶期，根据田间苗情长势和施肥水平，进行定苗，密度控制在每亩2万~3万株。播种期早的可适当降低密度，播种期迟的可适当增加密度，最佳播种期内留苗密度为每亩2.5万株。

（九）合理施肥

直播油菜与移栽油菜相比播种较迟，必须加强前期用肥力度。要适当提高施肥水平，氮、磷、钾、硼肥配合施用。重施基苗肥，一般每亩施用高浓度复合肥40千克和尿素10千克，以保证油菜冬前早发快长。

4~5叶期结合间苗定苗，每平方米留苗35~45株。每亩追施尿素7.5~10千克作提苗肥，3月上中旬薹高5~8厘米时每亩追尿素5~6千克作薹肥。花期结合菌核病防治，条件许可则用硼、钾、钼肥根外喷施，通过药肥混喷以防病、防早衰。

(十) 防治病虫害

直播油菜留苗密度高，要密切注意油菜苗期病虫害的防治。油菜苗期主要防治蚜虫、黄曲条跳甲和菜青虫，花期重点防治菌核病。应根据当地植保部门的预测，在达到防治标准时及时选用药剂有针对性地进行防治。

(十一) 防治草害

因旋耕深度很浅，机械直播油菜杂草基数较高，草害往往较重，草害常成为油菜生长和产量的一个限制因素。要在机播前每亩用40%草甘膦乳油200毫升兑水50千克喷雾或人工清除田间杂草。

播种后出苗前，亩用50%乙草胺乳油50~75毫升兑水30~40千克喷施，确保杂草一次封闭效果。

如果没有进行芽前除草或芽前除草效果不佳的，一般可在油菜5~6叶期，杂草3~5叶期，亩用5%高效喹禾灵乳油60~70毫升，或10.8%高效氟吡甲禾灵乳油30毫升，兑水30~40千克均匀喷雾防治禾本科杂草。

以阔叶杂草为主的田块，要在油菜4叶期以后，用30%草除灵悬浮剂50毫升兑水50千克喷雾。防治禾本科和阔叶杂草，可每亩用17.5%精喹·草除灵乳油80~100毫升，兑水30~40千克均匀喷雾。

开春后（2月中旬）杂草较多的田块进行第二次化学防除。

(十二) 适时收获

机收油菜一般成熟度90%左右为收割适期；直播油菜多集中在一、二次分枝，成熟度较集中，适时收获，可降低损失。

第四节　芝麻高效栽培技术

一、芝麻的生物学特性

芝麻是芝麻科芝麻属的一年生草本植物，茎中空或具白色髓部；叶子为卵形；花朵单生或少数同生于腋下，呈白色；芝麻蒴果基部钝圆，顶部有尖，中间有棱；芝麻的种子通常呈扁平椭圆形，共有4种颜色；花期为5—9月；果期为8—9月。

芝麻属于热带和亚热带作物，对温度要求较高。芝麻的最适生长温度为25~30 ℃。在此温度范围内，芝麻生长迅速，叶片肥大，光合作用效率高。芝麻是一种喜光作物。在生长过程中需要充足的光照，每天日照时长应在8小时以上。芝麻适宜在排水良好、疏松肥沃的壤土或砂壤土中生长。芝麻对土壤湿度有一定要求。在播种期，土壤需保持适宜的湿度，确保种子顺利发芽。在生长期内，需适当浇水，保持土壤湿润，但避免积水。

二、芝麻栽培技术

(一) 品种选择

优良的品种对于高产起了很关键的作用，品种的好坏是高产的基础，近些年来，很多区域引进了优质品种，比如抗病性抗虫性高、籽粒饱满、出油率高等。

不同区域由于气候不同，土壤情况有差别，在选择品种上会有差异，每个区域适合种植的品种有很多，因此要做好选种工作。

一般情况下，如果是春播地块或者是水肥充足的地块，可以选择高产潜力大的中晚熟品种；而麦茬夏播或土壤瘠薄地的条件下，可以选择早熟品种。

(二) 精细整地

1. 选地

芝麻要高产，土壤的选择也有一定的标准，如果土壤贫瘠、耕地性较差的地区，芝麻种植之后，产量不会有大的突破，很可能不会达到自己的预期。

芝麻与其他农作物有一定的差别，它对土壤的要求相对较高，是一种喜温、喜光的作物，但是不耐渍，因此，地势高或者较平整的地块更适合种植。砂质土壤通透性较好，也比较适合。要特别注意，芝麻不建议重茬种植，上年种植过芝麻的地块，第二年建议避开。

2. 整地

芝麻种子很小，种植下去之后，自身的顶土能力较弱，因此，精细化的整地对于芝麻出苗以及后续的生长非常重要，要求有以下3点。

(1) 土壤地面保持平整。

(2) 干净无杂质。

(3) 土壤细碎化，田间没有大土块。

由于芝麻不耐渍，田间要注意开沟排水，做到明水能排、暗水能泄、下雨田间不会长时间出现积水。

(三) 种子处理

芝麻在播种前，建议进行晒种处理，时间为1~2天即可，但不要在高温下长时间暴晒，晒种的目的主要有以下3点。

（1）解除种子的休眠状态，增加种子的活力，提高发芽率。

（2）晒种过程中，会杀灭种子表面的一些病菌，预防一些病害的侵染。

（3）可以清理所含的杂质以及部分秕粒，提高种子的质量，促进壮苗。

(四) 种植

1. 播种方式

芝麻的播种方式，一般分为3种，分别是条播、点播和撒播，根据自己实际情况，选择合适的播种方式，条播是目前大多数农户的选择，计算好株距和行距进行播种，有条理；点播相对比较麻烦，适合小面积的种植；而撒播，没有规则性，密度不好把握，但操作简单，具体使用哪种办法应视情况而定。

2. 轮作换茬

芝麻连作，会使病害加重。据调查，芝麻连作1年，大田发病率达50%以上，连作2年高达80%。因此，最好与玉米、甘薯、大豆、高粱、棉花等作物实行3~4年的轮作。

3. 沟厢改革

芝麻不耐渍涝，受渍后极易被病害侵染，而且根系生长发育不良，特别是后期易被风刮倒。因此，应改平作为深沟窄厢，使田间既能排明水，又能滤暗渍，芝麻就能正常生长。一般厢宽1.5~2米，厢沟宽30厘米左右，沟深应深于耕层。

4. 双层播种

在适期早播的前提下，实行"抢晴双层播种"，即在土地耕翻后，立即夹播1层种子，耙1次单耙，再播1层种，最后进行横耙、直耙、对角交叉耪耙，把土耙碎耙平。这样播种的好处是：天干地旱时，底层种子可吸收水分按时出土；雨天墒情足时，上层浅层种子可完全出苗。能做到干旱和雨天双保险，确保一播全苗，一次齐苗。

5. 合理密植

亩产 100 千克以上，芝麻种植密度为：单秆型品种 1.5 万~1.8 万株，株距 13~16 厘米，行距 26 厘米；分枝型品种 8 000~10 000株，株距 22~24 厘米，行距 33 厘米。芝麻出苗后要及时间苗，"想吃芝麻油，先破十字头"，即要求在第 1 对真叶时就要进行第 1 次间苗，拔除过密苗，以叶不搭叶为度；到 3~4 片真叶时要进行第 2 次间苗，以促进芝麻幼苗的均衡健壮生长，防止"苗荒苗"。间苗时，发现缺苗要及时带土移苗补栽上。当芝麻长至 12~15 厘米时，要立即进行最后 1 次间苗并定苗。

(五) 田间管理

1. 科学施肥

为了使芝麻高产和优产，施肥是关键点。芝麻施肥要把握方法和时间，要注意肥力的搭配结合。

一般芝麻在 3 个时间施肥。

一是幼苗间苗后，芝麻种子较少，往往不恰当的施肥会导致它生长极快，但又不利于它的后期生长，所以尽量少施氮肥。

二是在芝麻现蕾期。这时它对营养需求较大，需要提供充足的养分才能让其顺利现蕾，这时施肥一般以氮肥为主，磷、钾肥为辅。花期追肥 1~2 次，若土壤保肥供肥性好，可在初花期追肥 1 次；反之，可在现蕾初花期追施 2 次，开花结蒴期补施 1 次，时间宜早不宜迟。

三是花期。芝麻在花期生长极为迅速，这时根系已经生长完好，吸收力较强，这个时期吸收的养分占这个生育期的 70%，所以施肥一定要重施。此阶段追肥宜早不宜迟，最晚不要晚于盛花期；追肥过迟，如遇阴雨天气，容易造成贪青晚熟，使病害加重。

另外，还要注重叶面施肥。叶面喷施硼、磷、钾肥，能显著提高芝麻产量。在始花期和盛花初期喷施磷酸二氢钾 1~2 次，增产效果明显；干花期叶面喷施硼肥和磷酸二氢钾混合液，可增加粒重。

2. 合理灌溉

芝麻苗期需水量较少，足墒播种时苗期一般不浇水，适度干旱有利于根系生长，降低株高，提高抗倒能力。花期对水分反应敏感，需水量最多，此期干旱对产量影响大，当植株叶片出现萎蔫时，需及时浇水，采用沟灌和喷灌，忌大水漫灌。生育后期受旱时及时浇水；受涝时及时排水，避免形成渍涝，造成大幅度减产。黄淮、江淮及长江流域产区芝麻全生育期应做到"三沟"畅通，防止渍害。华南产区夏芝麻生长前期和中期，雨水多、湿度大，应开沟作畦，窄厢种植。

3. 适时打顶

芝麻主茎生长点由于存在顶端生长优势，会消耗大量营养物质，使茎部上端后期形成的花、蒴果得不到养分而发育不良，形成无效果实。打顶可减少消耗，促进蒴果生长充实，减少花器脱落，从而增加实粒和粒重，提高产量。一般在盛果期后，当主茎顶端叶节簇生，近乎停止生长时，选晴天上午摘除顶芽 3 厘米。

(六) 常见病虫害防治

1. 病害

1) 芝麻茎点枯病

苗期染病时，幼苗的根部变褐，地上部萎蔫枯死，在茎上密生小黑点。开花结果期染病时，从根部开始发病，后向茎扩展，有时从叶柄基部侵入后蔓延至茎部。根部染病时，主根、支根变褐，剥开皮层可见布满黑色小菌核，致根部枯死。茎部染病时，多发生在中下部，初呈黄褐色水浸状，后扩展很快绕茎一周，中心有银灰色光泽，其上密生黑色小粒点，表皮下及髓部产生大量小菌核，茎秆中空易折断。病部以上茎秆枯死，蒴果呈黑褐色干枯，病种子上生有小黑点状菌核。

防治方法：种植抗病品种。轮作倒茬，避免连作。芝麻收获后彻底清除病株残体，并深翻土壤。种子处理可以有效地预防茎点枯病的蔓延，可用下列药剂：50%福美双可湿性粉剂50克拌100千克种子；或用50%多菌灵可湿性粉剂或50%苯菌灵可湿性粉剂按种子重量的0.2%拌种。在芝麻开花期和终花期各喷药1次，可用下列药剂：70%甲基硫菌灵可湿性粉剂100克/亩；50%异菌脲可湿性粉剂50克/亩；12.5%烯唑醇可湿性粉剂50克/亩，兑水40~50千克均匀喷施，防效较好。

2）枯萎病

苗期染病时出现猝倒或枯死。成株期染病时，根系和茎秆半边枯死或只有侧枝枯死，发病不出现红褐色干枯条状斑，叶片变黄、萎蔫后枯死，湿度大时出现粉红色霉层。

防治方法：种植抗病品种；与禾谷类作物进行轮作；加强田间管理，少施氮肥，多施、增施磷钾肥及腐熟的有机肥，及时间苗、中耕除草，增强植株抗病力；清除田间病残体，减少发病来源；及时防治地下害虫，减少虫伤，可减轻病害发生。播种前种子处理和土壤处理是防治枯萎病的有效措施，7月上旬即芝麻2~4对真叶期是防治的关键时期。种子处理，可用70%甲基硫菌灵可湿性粉剂、50%多菌灵可湿性粉剂按种子重量的0.2%~0.3%拌种；或用80%乙蒜素乳油1 000倍液浸泡半小时，浸泡时药液温度维持在55~60 ℃。病害发生初期，可用下列药剂：

2.5%咯菌腈种子处理悬浮剂1 000倍液；50%异菌脲可湿性粉剂1 000倍液灌根，每株500~700毫升药液，间隔7~10天灌1次，连续2~3次。

3）叶枯病

为害叶片时，初期产生暗褐色近圆形至不规则病斑，且具有不明显轮纹，边缘褐色，伴有黑色霉层，为害严重时叶片脱落枯死。为害叶柄、茎时，初期产生梭形斑，随后变为红褐色条状斑。为害蒴果时，出现红褐色凹陷的圆形病斑、在芝麻生长后期如遇大雨，20天左右就可以蔓延到整块田地导致大量叶片脱落，严重影响产量。

防治方法：选用无病种子或用53 ℃温水浸种5分钟。实行轮作。收获后及时清除病残体。加强芝麻田间管理。避免枝叶覆盖地面，雨后及时排水，防止湿气滞留。发病初期可喷洒：75%百菌清可湿性粉剂75~95克/亩+12.5%烯唑醇可湿性粉剂20~30克/亩；20%三唑酮乳油100毫升/亩，兑水50~60千克；50%甲基硫菌灵可湿性粉剂1 000倍液；40%氟硅唑乳油6 000~8 000倍液；50%异菌脲可湿性粉剂1 500倍液，每亩用兑好的药液40~50千克，均匀喷雾。

2. 虫害

1）螟蛾

螟蛾在芝麻初花期至收获前均有发生，但在盛荚期较多为害重。

防治方法：可掌握幼虫盛发期，亩用90%敌百虫原药800~1 000倍液，每亩喷药液50千克左右。

2）天蛾

天蛾在芝麻生长中后期发生多，可抓住幼虫盛发期，亩用90%敌百虫原药800~1 000倍液，或80%敌敌畏乳油1 500倍液，每亩喷药液50千克。

(七) 适时收获

当芝麻植株由浓绿色变为黄色或黄绿色,即芝麻终花20天左右,或打顶后25天左右,大部分叶片枯黄,脱落2/3以上,蒴果呈黄褐色,植株下部2~3个蒴果即将裂开,中、上部蒴果微黄青绿基本成熟,用手摇晃下部,蒴果有响声,籽粒呈现固有色泽,此时应及时收获。一般应小捆晾晒,晒干后及时脱粒、风扬去杂、过筛,合理贮藏。

第五节　向日葵高效栽培技术

一、向日葵的生物学特性

向日葵是桔梗目菊科向日葵属的一年生高大草本植物,因花序随太阳转动而得名。茎粗壮,高1~3米,不分枝或有时上部分枝,被白色粗硬毛。叶互生,卵状心形或卵形,顶端急尖或渐尖,基生三出脉,边缘有粗锯齿,两面被短糙毛,有长柄。头状花序极大,直径10~30厘米,生于茎或枝端,常倾斜。总苞片多层,叶质,卵形至卵状披针形,顶端尾状渐尖,被长硬毛或缘毛。花托平或稍突起,有近膜质的托片。舌状花多数,黄色,舌片开展,长圆状卵形或长圆形,不结实;管状花极多数,棕色或紫色,上端有披针形的裂片,结果实。瘦果倒卵形或卵状长圆形,稍扁,有细肋,被白色短柔毛,上端有2个膜片状的冠毛,早落。

向日葵对土壤的要求不严格,它可以栽培在各种土壤中,从肥沃的土壤到旱地、瘠薄、盐碱地均可种植,这也是向日葵适应性较广的原因之一。最适宜种植向日葵的土壤为壤土和砂壤土,这类土壤团粒结构好、肥力较高、土质疏松，有利于根系发育，能提供良好的营养、水分和空气，有利于向日葵稳产和高产。向日葵是喜温作物，也是耐寒作物，对气候条件有较好的适应性。土壤耕层（0~20厘米）低温达到2℃时，种子开始萌动，4~6℃可以发芽，8~10℃即可出苗生长，温度低时会使出苗时间延长。此外，出苗还与种子品质，水分、氧气及土壤的成分和结构密切相关。

二、向日葵栽培技术

（一）播前准备

1. 选地

向日葵是较为抗旱、耐瘠薄、耐盐碱的作物，应选择土层深厚、含盐量在0.4%以下，有机质含量0.5%~1%以上的旱平地或缓坡地。切忌选用黏性土壤。

2. 轮作

向日葵必须坚持4年以上轮作，可促进高产和预防病害，向日葵不能与深根作物连作，忌重茬和迎茬。禾谷类作物是较好的前茬。合理轮作倒茬的优势如下。

（1）可平衡土壤养分。因为不同作物从土壤中吸收的养分各有侧重，如禾谷类作物喜氮素，豆类作物喜磷素，而向日葵则需要大量的钾肥，如果连作，会使土壤中某一种养分缺乏。通过合理轮作，有利于恢复和提高地力，做到用地与养地结合。

（2）有利于消灭杂草。不同作物都伴随特殊的杂草，这些杂草所需要的外界环境条件和土壤条件一致，如果连作，由于条件适宜，杂草迅速丛生，土壤中的大量养分和水分常为杂草所取，致使作物营养不足而减产。

(3) 可减轻病虫为害。向日葵病害较多,在赤峰地区主要有:褐斑病、黑斑病、菌核病、立枯病、霜霉病等。这些病害的侵染来源是:病原菌在土壤中越冬,通过土壤侵染向日葵。一些虫害:蛴螬、小地老虎、蒙古灰象甲、葵螟等,以成虫或蛹在土壤中越冬,因此实行轮作,给病虫害造成不良的环境条件,可以抑制其繁殖,减轻病虫为害。

3. 精细整地,蓄水保墒

前茬作物收获后立即深翻20厘米以上。结合深翻亩施优质农家肥2 000~3 000千克,翻后及时耙耱整地拣净根茬,做到地平、土细、无坷垃。"三九"压地,早春顶凌耙地达到耕层土壤上松下实。墒情差和犯风地采取杠垄的方式进行整地保墒。旱地覆膜田化肥可在播前一次性集中深施,在小垄内开沟深度15~20厘米条施长碳,然后在其两侧开沟播种。

4. 选用良种及种子处理

(1) 选用适应当地环境、抗病性强、产量高等综合性比较强的优良品种和杂交种。

(2) 精选种子。人工剔除明显的大花纹粒和双胚畸形粒。

(3) 对精选的种子进行包衣处理。由于种衣剂内含杀菌剂、杀虫剂和微量元素,具有防病防虫、促进苗全苗壮的综合效益,一般可增产10%左右。

(4) 晒种。对未包衣的种子播前晒2~3天,可增强种子内酶的活性,播后发芽快、出苗齐。

(二) 播种

1. 播期

向日葵的播种时间一般为3—4月,播种的适宜温度为18~25 ℃,通常在播种后5~7天发芽,选择播种期的基本原则是根据盐分发生的规律,早播种或晚播种,以免造成盐碱危害。春播或夏播根据品种的生育期而定。

2. 播深

墒情较好时播深以 2~3 厘米为宜，墒情较差时播深以 3~4 厘米为宜。

3. 播量

常规播量为 1~1.5 千克/亩，精量播量为 0.6~1 千克/亩。

4. 播种方法

人工点播在半干旱地区深开沟浅覆土，将种子播在墒情较好的潮土上。

5. 施用种肥

播种时亩施磷酸二铵 7.5~10 千克、硫酸钾 5 千克，严禁肥和种子接触防止烧苗。

(三) 种植方式

1. 清种

采用大小垄种植，食葵大行距 100 厘米，小行距 50 厘米，株距 60~80 厘米，亩保苗 1 100~1 400 株；油葵大垄 67 厘米，小垄 34 厘米，株距 45~50 厘米，亩保苗 2 600~2 800 株。

2. 间种

与小麦、大豆、谷子等矮秆作物实行间作，葵花与间种作物行比为 2∶4，即 2 行葵花 4 行矮秆作物，有利于通风透光和防病。

3. 覆膜种植

采用大小垄种植，食葵大行距 100 厘米，小行距 40 厘米，采用幅宽 80~90 厘米地膜，一膜盖二行，一般采用先覆膜后播种方式，播种时将二行的播种穴错开位置播种，穴距 65~80 厘米，亩保苗 1 100~1 400 株；油葵大垄 67 厘米，小垄 34 厘米，一膜二行，亩株数 2 600~2 800 株。向日葵地膜覆盖栽培可提高产量和改善品质。

(四) 田间管理

1. 查田补苗

对缺苗断垄地块及时带土移栽或催芽补种。向日葵是子叶出土作物，出苗前要松土，特别是盐碱地土壤板结应耙地、轻锄。

2. 早间苗

早定苗、早放苗。1对真叶时间苗，2对真叶定苗，对先播种后覆膜的向日葵出苗即破膜放苗。

3. 中耕除草

第一次：结合间苗用小手锄根际松土。第二次：4~5片叶时用大锄耪地。第三次：9~10片叶时耕地。

4. 合理追肥

油葵结合趟地时施肥，食葵在现蕾前追施。一般一次性追施向日葵专用肥10~20千克为宜，追肥距根10厘米左右。

5. 人工辅助授粉

向日葵是异花授粉作物，在蜂源不足的情况下开花后2~3天于9:00—11:00、16:00—17:00进行。授粉方法：用粉扑或花盘接触，每隔3~4天授粉1次，共进行2~3次。

6. 叶面喷肥

花期喷0.3%~0.5%磷酸二氢钾溶液或在其溶液中加入1千克尿素，根外喷肥亩喷50~70千克，每隔7天喷1次，喷2次即可，硼肥不足地块花期用0.2%硼砂溶液叶面喷施40千克可增加千粒重。

(五) 常见病虫害防治

1. 病害

用于直接食用的向日葵，其病害种类很多，为害较重。大田主要病害为菌核病、锈病和褐斑病。

1）菌核病

菌核病又称为盘腐病、烂头病，连作不倒茬更容易大面积暴发。

防治方法：首先要适期晚播，一般在5月15日前后进行播种；其次要与禾本科作物轮作倒茬。

2）锈病

锈病容易造成叶片枯死，一般会在每年的8月上旬发生。

防治方法：可以用15%三唑酮可湿性粉剂800~1 200倍液或50%硫磺悬浮剂300~800倍液进行喷施，喷施时间需要选择在阴天或18：00以后进行。

3）褐斑病

褐斑病为害较重，如果防治不及时，就会造成大面积植株死亡。

防治方法：可以采取抗病品种，实行轮作、秋翻耕、清洁田园等进行防治。在褐斑病的发病初期，推荐采用50%多菌灵可湿性粉剂500~800倍溶液或70%甲基硫菌灵可湿性粉剂1 000~1 500倍液，一般要连喷2~3次，每次间隔10~15天进行1次喷药，药剂交替施用效果更佳。

2. 虫害

1）蚜虫

蚜虫主要为害向日葵叶片，使叶片变形、干枯，影响光合作用。

防治方法：在向日葵蕾期、花期悬挂黄板物理诱杀蚜虫。

2）棉铃虫

棉铃虫主要以向日葵种子为食，导致向日葵减产。

防治方法：在向日葵棉铃虫成虫盛发期，在田间按棋盘式等距离放置性信息素诱捕器25~30枚/公顷诱杀成虫。

(六) 适时收获

1. 收获适期

当花盘背面发黄籽粒变硬时（托叶变褐色，舌状花冠脱落，筒状花一抹即掉）即是向日葵收获适期。

2. 清除病残体

将病株及时带出田外集中烧毁或深埋，覆膜田要及时清除残膜净化农田。

第四章 中药材高效栽培技术

第一节 丹参高效栽培技术

一、丹参的生物学特性

丹参又名紫丹参、赤参、血参等,为眉形科鼠尾草属多年生草本植物。高30~100厘米,全株密布淡黄色柔毛及腺毛。丹参从出苗到现蕾为发棵期,从现蕾到茎叶不再生长为根旺盛生长期,之后进入根生长后期,根的大小基本稳定,但重量仍在增加。4—8月开花,花后见果,果熟期7—8月。霜冻后地上部分枯萎。

丹参为深根植物,适应性强,喜温暖、湿润、阳光充足的环境。耐旱,耐寒,对土壤要求不严,以土层深厚,疏松肥沃,富含有机质的中性或微碱性砂质壤土栽培为好。怕水渍,排水不良,易烂根。适宜生长温度为20~30 ℃。

二、丹参栽培技术

(一) 选地整地

丹参栽培地宜选择地势较高、阳光充足、土层深厚、疏松肥沃、排水良好的地块,以砂质壤土最为理想。沙土、黏性土壤均不宜种植。忌在排水不良的低洼地种植。前茬作物以玉米、花生、甘薯等为宜。播前结合整地，每亩施入充分腐熟农家肥1 500~2 000千克、过磷酸钙30~50千克、饼肥50千克作基肥，最好将三者混合堆沤后施入，深翻土地30厘米以上，整平耙细，作成底宽0.8米、垄面宽0.5米的高畦。每3畦为一个单元，中间开挖排水沟，每隔20米挖一腰沟，以保持排水畅通。

(二) 繁殖方法

1. 种子育苗

选择排灌方便、阳光充足，前茬为小麦的地块作育苗田，施足基肥，深耕后整平耙细，做成宽1.5米左右、高12~15厘米的畦。6月下旬至7月下旬播种。种子选用6月以后成熟的种子，播前进行种子处理，忌用隔年陈种。播种时，将种子与细土按1∶2比例拌和后均匀撒于畦面，轻耙镇压后用黑网覆盖，喷雾保湿。每亩用种量8千克。播种后15天左右，选择阴天或傍晚揭去黑网，让幼苗接受阳光照射。出苗后，要做好除草工作。土壤墒情不足，要及时进行喷灌。切忌大水漫灌。育苗时密切关注天气预报，尽量在阴雨前播种，减少管理难度。

2. 适时移栽

可秋栽，也可春栽，以秋栽土地利用效率最高、效益最好。秋栽在9—11月栽植，尽可能提早进行。栽植前，趁墒覆盖黑色地膜，垄面栽植2行丹参，行距20厘米，株距15~20厘米，每亩栽植丹参7 500~9 000株。为提高成活率，可采用拉泥条或浇窝水的方法栽植。栽后覆土压实地膜。

(三) 田间管理

1. 查苗补苗

丹参移栽后，要及时检查幼苗成活情况，发现缺苗的及时补栽，以保全苗。

2. 中耕除草

除草时可用人工除草、拔草或机械除草，不可使用除草剂。从栽植到封垄前一般中耕除草3次，第一次在越冬前进行；第二次在早春进行；第三次在4—5月进行。封垄后便可停止中耕，大草用手拔除。地膜覆盖的，要及时除去垄沟及垄面杂草。

3. 追肥

地膜覆盖栽培丹参，在施足底肥的前提下，生长期间一般不再追肥。如底肥不足，留种田块，可在4月中旬至5月上旬追施，不留种的地块，可在剪去花薹后追施，亩施充分腐熟的农家肥1 000千克，加饼肥50千克。施肥采用沟施法，施于畦沟内，施后覆土盖肥。

4. 摘蕾除薹

丹参自4月中旬至5月将陆续抽薹开花，除留种地外，在花薹刚抽出2厘米时应剪除花薹，摘蕾要早要勤，每7～10天摘剪1次，连续进行数次。摘蕾时要注意不能损伤茎叶，也不宜在雨天或有露水时进行，以免引起伤口感染。

5. 灌溉排水

丹参忌积水，雨季注意排水，经常清理沟渠，保持排水畅通，防止多雨季节受涝。但长期干旱时也需浇水。

(四) 常见病虫害防治

为害丹参的病害主要有根腐病和叶斑病，虫害主要有银纹夜蛾和蛴螬。

1. 病害

1) 根腐病

根腐病为害根部，高温多雨季节发生严重，发病植株根部变黑，地上部分枯萎。防治方法：①与葱蒜类作物轮作；②雨季及时排水；③栽种前用50%多菌灵可湿性粉剂或70%甲基硫菌灵可湿性粉剂800倍液蘸根处理，晾干10分钟后栽种。

2) 叶斑病

叶斑病为害叶片，发病时叶片上呈现近圆形或不规则形深褐色斑点，后逐渐会合成大斑，严重时叶片枯死。防治方法：①实行轮作，并选择地势较高的地方种植；②选用健壮种子，播前用1∶1∶150的波尔多液浸种10分钟；③加强田间管理，清除植株基部病叶，改善通风条件，及时排水，增施磷、钾肥，或叶面喷施磷酸二氢钾；④发病初期用50%多菌灵可湿性粉剂600倍液或65%代森锌可湿性粉剂500倍液喷雾，间隔10~15天，连续2~3次。

2. 虫害

1) 银纹夜蛾

夏、秋季发生，幼虫咬食叶片。防治方法：①收获后将残枝病叶集中烧毁，以杀灭越冬虫口；②夜间悬挂黑光灯，诱杀成蛾；③发生时用90%敌百虫原药800~1 000倍液，或20%氰戊菊酯乳油2 000~3 000倍液喷洒。

2) 蛴螬

5—6月大量发生，以幼虫为害，咬食根茎，造成植株枯萎、枯死，严重时造成缺苗断垄。防治方法：①实行轮作倒茬，结合深耕整地进行人工捕杀；②用黑光灯诱杀成虫；③整地时用5%辛硫磷颗粒剂1~1.5千克与15~30千克细土混匀后撒施，田间发生期用90%敌百虫原药1 000倍液或50%辛硫磷乳油1 000倍液浇根。

(五) 采收

栽后第二年秋季地上部分枯萎后到第三年春季发芽前均可采挖，采挖选择晴天且土壤含水量适宜时进行。采挖时应将根全部挖起，剪除茎叶，就地晒去多余水分，使根软化后，再抖去泥土，运回加工。

第二节 黄芪高效栽培技术

一、黄芪的生物学特性

黄芪别名白皮芪、箭杆花、绵黄芪、膜荚黄芪等。黄芪是豆科多年生草本植物，株高50~100厘米。叶片为羽状复叶，互生小叶片椭圆形或长圆形。总状花序，在茎和分枝的顶端生长，呈淡黄色。荚果半圆形稍扁，内有几粒褐色种子。主根呈黄褐色，是细长的圆柱形，稍木质化，不易折断。

黄芪属深根性植物，适应性强，耐旱耐寒，可以在田间越冬，但是怕积水，忌重茬。土层深厚、土质疏松、肥沃、排水良好、地势高、气候干燥的土壤更适宜种植黄芪。黄芪主要分布在我国东北、西北地区。由于长期大量采挖，近几年来野生黄芪的数量急剧减少，有趋于灭绝的危险。目前，该植物被确定为渐危种，是国家三级保护植物。

二、黄芪栽培技术

（一）选地整地

黄芪属于深根植物，怕积水，所以不宜种植在低洼积水地。宜选择土层深厚、土质疏松、肥沃、排水良好、向阳、地势高、干燥、pH值为6~8的砂质壤土。在一些平地、丘陵或向阳山坡也可以进行种植。如果地下水位高、土壤湿度大、土质黏紧，则不适宜种植黄芪。禾本科作物作为其前茬有利于防治根部病害。在栽培前深翻土地30~50厘米，并结合翻地亩施优质农家肥2 000~3 000千克/亩、过磷酸钙25~30千克/亩。

（二）黄芪的繁殖方法

黄芪多用种子繁殖。

1. 选种并催芽处理

在种植前要选择种子，一般选 2~3 年生的健壮植株最为适宜，通常在果荚变为黄色、种子变为褐色时就要进行分批采摘，晒干脱粒。将种子放在 20% 食盐水溶液中，将漂浮在表面的秕种和杂质捞出弃除，用沉底的饱满种子进行处理和催芽。黄芪的皮坚硬，播后不易发芽，必须要在播前进行催芽处理。一般是在 40 ℃ 的温水中将种子浸泡 12~24 小时，再将其捞出洗净摊在湿毛巾上，盖湿布进行催芽，在裂嘴出芽后就可以播种；也可以运用 70%~80% 硫酸来浸泡种子，在 3~5 分钟后将其置在流水中冲洗 30 分钟，或者直接用清水洗净种子，再稍干就可以播种，这样其发芽率就可以达到 90% 以上。

2. 播种

黄芪在春、夏、秋季都可以进行播种。一般在 4 月上旬进行春播，在气温 5~8 ℃ 时就可以播种。夏天栽种，则一般选择 6—7 月为宜。由于夏天温度较高，一般栽种 7~8 天就可以出苗。秋播时则一般在白露前后。无论在哪一个季节进行栽种，都必须要确定土壤温度在 12 ℃ 以上才可以进行栽种。秋播可以用凉水浸泡种子 30 小时，在中间要换 1 次水，并在捞出来后保持其湿润，以提高其出芽率，在 8—9 月气温下降到 15 ℃ 时进行秋播。运用穴播或条播的方式，其中穴播需要挖浅穴播种，行距为 30 厘米、穴距 25 厘米，每穴内可以播入 6~7 粒种子，覆土 1.5~2 厘米厚，用种为 1~1.5 千克/亩；条播按行距 30~40 厘米开沟，沟深 3~5 厘米，将种子与草木灰、有机肥拌匀，然后均匀地撒入沟内，覆土厚约 2 厘米，及时镇压，用种 2 千克/亩。一般 15 天左右即可出苗。而且也可以进行平畦种植，但发病比较多，与垄栽相比，根形也比较差。

（三）田间管理

1. 间苗、补苗

如果苗高长到 5~7 厘米时，就要进行第 1 次间苗。一般间苗为 2~3 次，并每隔 8~10 厘米留 1 株壮苗。如果发现缺棵，重播催芽籽补苗，也可以用小苗带土进行补植。

2. 中耕除草

黄芪幼苗生长缓慢，一般出苗之后，周围的杂草也会一并生长，如果不加以管控，很容易出现草荒，对黄芪的生长带来严重影响。黄芪地除草要与中耕相结合，一般当幼苗生长到 7~8 厘米高时可以进行第 1 次中耕，定苗后进行第 2 次中耕。中耕的深度需要根据具体情况而定，一般根据"苗期浅、成株深、苗旁浅、行中深"的原则进行中耕，能够对黄芪根和苗进行保护，并且及时对地里的杂草进行清除。另外，在黄芪生长的第 2 年的 5 月、6 月和 8 月，可以各自进行 1 次中耕，对杂草进行清除。为了提高黄芪的生长效率，还可以采用黄芪专用除草剂对杂草进行喷杀。一般每年只能使用 1 次除草剂，防止对黄芪生长产生影响。

3. 追肥

在黄芪生长的当年与第 2 年，一般要结合中耕进行追肥。第 1 次追肥与第 2 次中耕除草结合，一般追施的三元素复合肥（其中氮、磷、钾各 15%）7~8 千克/亩或尿素 10~15 千克/亩将肥料混合均匀之后撒入横沟中，然后覆盖新土；第 2 次追肥在入冬苗枯之后，要加入厩肥 2 000 千克/亩、三元素复合肥（氮、磷、钾各 15%）10 千克/亩、饼肥 150 千克/亩，充分混匀后，加入行间开沟，然后进行培土防冻。在施肥的过程中要注意肥料的深度，避免肥料与黄芪幼苗直接接触造成烧苗。

4. 灌溉与排水

黄芪相对比较耐旱，一般情况下不用灌溉，但要注意查看土壤墒情，若土壤湿度过低，要及时进行灌水，促进种子发芽和幼苗的生长，避免过旱而影响出苗。但灌溉的时候水分不能太多，也不能太少。雨季到来时，要注意及时排水，避免土壤湿度过大而导致烂根。

5. 打顶

为了控制顶端优势，在7月底前进行打顶，减少植株生长而过多消耗养分，控制植株的高低，使养分集中在根部，促进黄芪高产。

（四）常见病虫害防治

1. 病害

1）黄芪紫纹羽病

黄芪紫纹羽病俗称为红根病，因为其发病后根部会变成红褐色。首先是须根发病，然后逐渐向主根蔓延，根部同时自皮层向内部腐烂，最后会使全根腐烂。

防治方法：及时拔除病株；与禾本科作物进行3~4年的轮作；雨季排水；发现病株立即拔除销毁、隔离，用1%甲醛溶液及生石灰或1波美度石硫合剂500倍液等给病穴消毒及灌注植株周围健株；在发病初期用多菌灵、甲基硫菌灵等药物进行灌根。

2）白粉病

白粉病在高温多湿的7—8月发生严重。主要为害叶片和荚果。通常在受害的叶片两面和荚果表面出现白色绒状霉斑，在后期会出现小黑点，导致黄芪严重减产。

防治方法：在发病初期可用25%三唑酮可湿性粉剂1 000倍液或1∶1∶120的波尔多液喷雾防治，通常2~3次即可痊愈。

2. 虫害

1）蚜虫

蚜虫多在7—8月为害嫩梢，在高温干旱年份更加严重。

第四章　中药材高效栽培技术

防治方法：用50％抗蚜威可湿性粉剂2 000~3 000倍液喷雾。

2）豆荚螟

豆荚螟成虫在黄芪嫩荚或花苞上产卵，并孵化成幼虫，蛀入荚内咬食种子；而老熟幼虫钻出果荚外，入土结茧越冬。

防治方法：在豆荚螟成虫产卵高峰后5~6天或1龄幼虫发生高峰后2~3天是最佳防治时期。在花期于8：00以前，太阳未出之时，可用25％灭幼脲悬浮剂2 500~3 000倍液集中喷在蕾、花、嫩芽和落地花上（上边和地面都应喷药），每7~10天防治1次，连续2~3次；还可用豆荚螟的天敌，如绒茧蜂、甲腹茧蜂和鸟类等，在一定程度上可以减少豆荚螟的为害程度。

(五) 采收

1. 留种

黄芪播种第2年开花结籽。当果荚下垂黄熟、种子变棕褐色时即可采收。种子成熟期不一，应随熟随采。如采收过迟，果荚开裂，种子散失。果荚采收后，晒干脱粒，去除杂质，贮藏备用。

2. 入药黄芪的采收

通常2~3年就可采收黄芪。如果黄芪的生长年限太久，容易出现黑心，严重影响品质。采收季节最好在9月中下旬，地上部黄萎后收获。采收时要深挖，刨深约70厘米，挖取全根，防止挖断主根和损伤外皮。可直接鲜卖，也可进行初加工。

第三节　金银花高效栽培技术

一、金银花的生物学特性

金银花别名银花、双花、忍冬花、二宝花等。由于花初开为白色，后转黄色，因此得名"金银花"。金银花为多年生半常绿缠绕小灌木或直立小灌木，花蕾（金银花）和藤（忍冬藤）可入药。我国金银花种植区域主要集中在山东、河南、河北、江西、广东等地。

金银花喜温暖湿润和阳光充足的环境，适应性强，耐寒、耐旱、耐盐碱。对地势、土壤要求不严，山地，平原，丘陵及酸性、碱性的土壤均可生长，但以疏松肥沃、排水良好、偏碱性的砂质壤土为优。金银花是一种长线药材，栽植一次多年收益。一般栽后2~3年即可开花，3~6年产花渐多，7~20年为盛花期，20年后趋于衰退，需要更新。

二、金银花栽培技术

（一）选地、施肥、整地、作畦

育苗地应选择疏松肥沃、灌排方便的砂质壤土。每亩撒施腐熟有机肥2 000~3 000千克、过磷酸钙30~50千克，深翻25厘米左右，拣净根茬，打碎土块，耙细整平，作成宽1~1.3米的平畦或高畦待扦插育苗。

（二）选用优良品种

金银花品种较多，各地都有适合当地栽培的优良品种，如山东主产区重点栽培的有鸡爪花和大毛花品种。鸡爪花发枝多、枝条短、叶较小、花蕾稠密、开花期早，但花蕾较小。大毛花花蕾肥大、枝条较长，但容易相互缠绕，开花期较晚。两品种均产量高、品质好。各地应因地制宜地选用和引进优良品种，这是保证高产优质的遗传基础。

（三）繁殖方法

金银花用种子、扦插、压条等方式均可繁殖，但生产上以枝条扦插繁殖为主。春、夏、秋季均可扦插，春季宜在新芽萌发前，夏、秋季宜在多雨之时。扦插之前，选择一年生或二年生健壮枝条，剪成长30厘米左右、具3个以上节的插条，摘去下部叶片，然后将插条下端斜面浸蘸500毫克/升的吲哚丁酸溶液5~10秒，取出稍晾干后即可扦插。于已做好的苗床上按行距30厘米挖深18~20厘米的沟，将插条按株距3~5厘米斜插入沟内，地上露出5厘米左右，埋土压实，随即浇水，插后经常保持土壤湿润。早春扦插育苗后苗床要搭设弓形塑料薄膜棚，以便保温保湿，促进插条及早生根发芽。经半个月左右，插条生根发芽后即可拆除薄膜棚，进行苗期常规管理。将春插的于当年冬季或翌年春季，夏或秋插的于翌年春季移栽定植于已挖好的栽植穴内。

(四) 移栽

先深翻土地、耙碎整平、熟化土壤。栽植前后按行距1.3~1.5米、株距1~1.2米，挖宽、深各30~40厘米的穴，薄地宜密，肥地宜稀，每穴施入腐熟土杂肥4~5千克，与底土拌匀即可待栽植。

秋冬季落叶后或早春萌发前，将培育的金银花壮苗定植于已挖好的栽植穴内，每穴1株，随后填土压实，浇足定根水，经常保持湿润。

(五) 加强田间管理

1. 适时中耕除草与培土

移栽成活后，最初1~3年每年中耕除草3~4次。第一次于春季萌芽出叶时，第二次在6月，第三次在7—8月，第四次在秋末冬初，并结合最后一次中耕除草进行培土，以利越冬。第三年以后，可适当减少中耕除草次数。

2. 适时追肥与灌排水

每年早春土地解冻后、萌芽后、每茬采摘花蕾后和越冬前，结合中耕除草都应进行1次追肥。春、夏季每次每亩追施腐熟人畜粪水3 000克或尿素与复合肥各15千克左右，于植株周围30～35厘米处，开深15～20厘米环形沟，将肥料施入沟中，施后覆土盖肥。在植株现蕾后，可喷洒1次磷酸二氢钾和尿素混合液，浓度为0.5%。封冻前施冬肥，每株开环状沟施腐熟的有机肥5～10千克过磷酸钙200克，施后培土盖肥。

每次施肥后和花期遇旱时应及时浇水，雨水多时应及时排水防涝。

3. 科学整形与修剪

整形与修剪是在秋季落叶后到春季发芽前进行，一般是旺枝轻剪，弱枝重剪，枝枝都剪。剪后利于通风透光，这是实现金银花优质高产的关键技术措施之一。栽后第一年当主干高度达30～40厘米时剪去顶梢，促进侧芽萌发成枝。第二年春季萌发后在主干上部选留粗壮枝条4～5个作为主枝，分两层着生。在冬季，从主枝上长出的一级分枝中保留5～6对芽，剪去上部。以后在二级分枝上再剪留6～7对芽。最后使金银花由原来缠绕性生长变为枝条疏朗、分布均匀、通风透光、主干粗壮直立的伞房形灌木状花墩。每年霜降后至封冻前还要进行冬剪，剪除枯老枝、病虫枝、细弱枝及交叉枝等，使养分集中，促进抽生新枝和形成花蕾。每茬采摘花蕾后要进行夏剪，夏剪以轻剪为宜，将靠近根部发出的枝条全部剪除，上部过密的小枝及花枝枝梢也应适当剪去。每次摘去花及修剪后要进行追肥。

（六）常见病虫害防治

1. 病害

1）白粉病

主要为害叶片茎和花，在温暖干燥或植株隐蔽的条件下发病严重；施氮肥过多也易发病。叶片病斑上产生白色小点，然后逐渐扩展成为白色粉状斑，严重时造成叶片发黄、皱缩变形，最后引起落花、落叶、枝条干枯。

防治方法：清园处理病残株；发病初期喷施50%甲基硫菌灵可湿性粉剂1 000倍液。

2）锈病

金银花受害后，叶片背面出现茶褐色或暗褐色小斑点，或近圆形病斑，中心有一小泡，可致叶片枯死。潮湿环境极易造成锈病的发生与流行。

防治方法：在每次采花后及时清洁田园，将枯枝落叶带出园外处理；发病初期及时用药，可用25%三唑酮可湿性粉剂800～1 000倍液，或65%代森锌可湿性粉剂500倍液，每隔7～10天防治1次，连续防治2～3次。

2. 虫害

1）蚜虫

幼虫刺吸叶片、嫩枝汁液，为害叶片，造成花蕾和叶片卷曲发黄，花蕾畸形，植株停止生长，导致产量降低。

防治方法：在4月初蚜虫为害猖獗时，可选用1.8%阿维菌素乳油6 000倍液，每隔7～10天喷药1次，连续喷施2～3次即可控制。但在采花前15～20天应停止喷药。

2）忍冬细蛾

该虫幼虫潜入叶内，取食叶肉组织，影响植物进行光合作用，导致金银花品质降低、产量减少。

防治方法：重点是在第一代、第二代成虫和幼虫前进行防治，可用25%灭幼脲悬浮剂3 000倍液喷雾，在各代卵孵盛期用1.8%阿维菌素乳油2 000～2 500倍液喷雾。

（七）采收

金银花最适宜的采摘标准：花蕾由绿色变白色，上白下绿，上部膨胀，尚未开放。采收过早，花蕾尚未充分发育，花蕾发育不完全，有效成分含量少，产量低，品质差；采收过迟，花朵开放后，花粉及香气散失，品质外形差。

金银花采摘的时间性很强，黎明至9：00，采摘花蕾最为适时，此时花蕾养分足、气味浓、颜色好，干燥后呈青绿色或绿白色，色泽鲜艳，折干率高。采蕾时期可为5月中下旬至9月中旬。

采摘金银花使用的盛具必须通风透气，一般使用竹篮或条筐，以防采摘下的花蕾水分不易挥发再浸湿花蕾，或温度不易散失而发热发霉变黑等。采摘花蕾应做到：轻摘、轻握、轻放。采收时，应注意不伤花，不带梗，不损伤其他青蕾。

第四节　甘草高效栽培技术

一、甘草的生物学特性

甘草别名乌拉尔甘草、甜根子、甜草等。甘草是豆科甘草属的多年生草本植物，高30～150厘米。根及根状茎粗壮，圆柱形，主根甚长，粗大有甜味，皮部红褐色或暗褐色，内部黄色。茎直立，有白色短毛及腺鳞或腺状毛，下部微木质化。叶互生，单数羽状复叶，卵形，小叶4～8对，小叶片卵圆形、卵状椭圆形或偶近于圆形，长2～5.5厘米，宽1.5～3厘米，先端急尖或近钝状，基部通常圆形，两面被腺鳞及短毛。

花序为总状花序，腋生，花密集，花萼钟形，萼齿5裂，披针形。花冠蝶形，蓝紫色或紫红色，旗瓣大，长方椭圆形，先端圆或微缺，下部有短爪，龙骨瓣直，较翼瓣短，均有长爪。雄蕊10枚，二体雄蕊，花丝长短不一，花药大小不等；雌蕊1枚，子房无柄。

荚果长圆形，有时呈镰刀状或环形，长3~4厘米，宽6~8毫米，密生棕色刺毛状腺体。

种子2~8粒，扁圆形或肾形，黑色光滑。千粒重8~14克，花期为6—8月，果期为7—9月。

野生的甘草多生长在砂质土上，甘草喜光照充足、降水量少，冬夏季和昼夜温差大的生态环境，具有喜光、耐旱、耐热、耐盐碱及耐寒的特性。甘草分布于我国黑龙江、吉林、辽宁、河北、山西、内蒙古、陕西、甘肃、青海、新疆、山东等省区。

二、甘草栽培技术

(一) 选地和整地

栽培甘草，应选择地势高燥，土层深厚、疏松、排水良好的向阳坡地。当年秋季深翻30~40厘米，施足底肥，每亩施用厩肥2 000~4 000千克。翻好地，耙平，再起垄，垄宽60厘米，也可以采取畦作，田畦高10~20厘米。

(二) 播种和育苗

1. 繁殖方法

甘草可用种子繁殖，也可用根状茎繁殖。

1）种子繁殖

甘草为硬实性种子，必须经过处理才能提高发芽率。

第一种处理方法是机械损伤，用碾米机快速将种子慢速打1遍，没有碾米机的地方也可用石碾代替。再用温水浸泡3小时，一般情况下会有90%的种子吸水膨胀。如果大多数种子没有膨胀，还应继续浸泡。此种方法快速简便，处理量大，播种后种子腐烂率低。碾磨处理技术要点是根据碾米机的类型、甘草种粒大小、种子的干燥程度，合理控制碾种的强度和次数。特别是种粒的均匀程度对于处理效果至关重要，如果种粒大小参差不齐，容易导致碾种时大粒种子碾磨过重损坏，而小粒碾磨不足的现象，对此一般解决的方法是在碾磨处理前，首先将种子过筛分级，再分级进行碾磨处理。一般需要碾磨1~2遍，处理效果以用肉眼观察绝大部分种子的种皮失去光泽或轻微擦破，但种子完整，无其他损伤为宜。更为可靠的方法是进行种子吸胀检查，方法是随机抽取一定量的种子，用温水浸泡3小时左右，如果有90%以上的种子吸水膨胀，说明种子已处理好可用于播种，如吸水膨胀的种子低于70%，还需要继续碾磨。

第二种处理方法是温水催芽，将种子在40~60℃温水中浸泡4~6小时，捞出后用湿布包好，放在温暖处保温。保湿催芽，待大部分种子裂口露芽时即可播种。此种方法简单，但较慢，播种后种子腐烂率高。

第三种处理方法是用硫酸处理，每千克种子加入80%浓硫酸20毫升，搅拌均匀，使所有种子都沾上硫酸，20℃浸种1~2小时，待皮有破损后，用冷水冲洗掉硫酸，晾干即可。此种方法处理量大，但时间不好掌握。硫酸处理的技术要点是尽量使种子与浓硫酸成分接触，并根据种皮厚度，合理控制腐蚀时间。一般需要腐蚀70分钟左右，对于部分种皮厚的种子还需适当延长，这就要求在处理过程中要时时注意种子腐蚀程度，一般以多数种子上出现黑色圆形的腐蚀斑点为宜。处理好的种子发芽率可达90%左右。

2）根状茎繁殖

在春、秋季，选无病、无损伤、较细根茎，截成7~12厘米的小段，每段上应保证至少带有1个芽，按行距30~50厘米、株距15厘米、深5~10厘米种植，覆土，浇水，盖草保湿，10天左右可出苗。一般每亩需根状茎40~60千克。根茎繁殖以秋季进行较好，可减少春天因采挖或移栽不及时造成的新生芽的损伤，提高成活率。为了防止根茎腐烂，应尽量减少根茎失水，此外，还可以在移栽前蘸取多菌灵等杀菌剂。

2. 播种

甘草播种可采用直播和育苗移栽两种。

1) 直播

春、夏、秋季播种均可直播。直播在每年4—7月，行距50厘米，株距15厘米，播深3厘米，播后浇水盖草，保持湿润，7~15天即可出苗，每亩播种量1千克左右。但具体播种期应该视土壤温度和水分状况确定，在土壤含水量适合的情况下，温度是种子萌发的限制因子。甘草在土壤温度大于10℃时即可萌发，最适宜的温度范围为25℃左右。

2) 育苗移栽

这是一种速生高产的栽培方法，即首先选择肥水条件好的地块集中培育壮苗，再移栽到栽培地。育苗也可分春季育苗、夏季育苗和秋季育苗。一般多采用春季育苗，选择有灌溉条件、土层深厚、质地疏松较肥沃的砂壤地，施足底肥，作为育苗用地。播种时间与直播基本相同，但用种量较大，3~5千克/亩，种植株行距小，采用宽幅条播（幅宽20厘米，幅间距25厘米），保证每亩不少于7万株苗。苗子采收于秋季甘草生长期结束后（10月下旬至11月上旬）进行。采挖用犁深翻50厘米，结合人工搂挖。采挖后将苗子分级，再要剪去尾部直径0.2厘米以下部分和整株侧根、毛根及头部干枯茎枝，每100株或200株头部对齐，打成小捆。

(三) 田间管理

1. 移苗定植

移苗定植在秋末、春初进行，行距50厘米，株距15厘米，每亩可栽6 000~7 000株。栽后要浇2次透水。移栽时开20厘米深沟，将甘草根斜摆或平摆在沟内盖土，芦头在土下2厘米处，用脚踏实即可。

2. 中耕除草

甘草第一年生长较慢，要经常清除杂草，同时适当松土，也可在行间套种生长期短的蔬菜。一般在幼苗出现5~7片真叶时，进行第一次锄草松土，结合蹚垄培土，提高地温，促进根生长。入伏后进行第二次中耕除草，再蹚垄培土1次，立秋后拔除大草，地上部枯黄，霜后上冻前深蹚一犁，培土压护根头越冬。第二年苗开始长大，只需用手拔除大草，不必锄地，以免损伤从根茎上萌发出的新株。垄种的可以进行三铲三蹚，畦种的应拔除畦面杂草。

3. 排水灌水

甘草为耐旱植物，除苗期应保持土壤湿润外，其他时期可不浇水。土壤积水过多会影响根的生长，连雨天应及时排水。黏重或盐碱重土壤，可在播前灌水压碱，播后不灌水，防土表板结和返碱。另外，在初冬还要灌好越冬水。

4. 追肥

甘草对土壤肥力要求不高，第一年除播种前施肥外，可不必再施肥。第二年可追肥2~3次，第一次在春季返青后，施人粪尿1 500~2 000千克，第二次在6—7月，喷施0.5%尿素或过磷酸钙液200~300千克，可分2~3次施用，第三次于秋季枯苗后，每亩追厩肥2 000~3 000千克。第三年只在秋末每亩追厩肥2 000千克即可。第四年不必追肥。若3年收获，第三年也不必追肥。

(四) 常见病虫害防治

1. 病害

1) 白粉病

白粉病是菌丝子囊菌的一种，病株主要在田间病株残体上越冬，为害叶片，病株叶片正反面出现白粉（孢子囊），严重时叶片枯黄，植株死亡。

防治方法：发病时喷洒0.2~0.3波美度石硫合剂或1∶1∶150的波尔多液防治。

2）根腐病

病菌侵入甘草根部致使根部腐烂，严重时甘草死亡。

防治方法：植株患病要及时用50%甲基硫菌灵悬浮剂800倍液或75%百菌清可湿性粉剂灌根。

3）褐斑病

病原菌为半知菌的一种，为害叶片，叶片出现圆形或不规则形病斑，病斑中央褐色，叶片正反面显出灰黑色霉状物。

防治方法：集中病残株烧毁。发病初期喷1∶1∶120的波尔多液或70%甲基硫菌灵可湿性粉剂1 000~1 500倍液。

4）锈病

锈病是真菌担子菌的一种，患病植株叶片背面出现黄褐色疱状病斑，叶表皮破裂，夏孢子飞散出来，为害健康植株，8月、9月形成黑色冬孢子堆过冬。

防治方法：清除病残株，集中销毁。发病初期可用15%三唑酮可湿性粉剂1 000倍液喷雾防治。

2. 虫害

1）叶蝉

叶蝉在甘草整个生长期都会出现，主要以若虫、成虫吸食甘草叶、幼芽和幼枝为主，主要症状是在叶及枝上出现银白色点状斑，叶片变成黄色，最后脱落。

防治方法：甘草园周围应远离榆树及其他叶蝉类越冬寄主。为害高峰期用2.5%溴氰菊酯乳油1 000~1 500倍液喷雾防治，用草蛉、瓢虫等天敌进行生物防治。

2) 小蜂

为害种子。在果实未成熟时将卵产于青果期种子种皮上，幼虫孵化后蛀食种子，并在种子内化蛹，成虫羽化，咬破种皮飞出，严重时会使50%种子受害。

防治方法：可用40%辛硫磷乳油1 000倍液喷雾防治，可喷数次。

3) 甘草萤叶甲

成虫为害叶片，咬食后叶片仅残留叶脉和上表皮，虫孔密集，严重时整个叶片被吃光，发生期在4—9月，1年可以发生2~3代。成虫秋季落在土壤越冬，第二年孵化继续为害植株。

防治方法：秋季焚烧有病枯枝落叶。可用90%敌百虫原药1 000倍液于11：00前喷雾杀虫。

(五) 采收

甘草用种子繁殖的2~4年可收获，用根状茎繁殖的2~3年可收获。收获期在晚秋较好。甘草根可长到60~90厘米，所以应深挖，尽量留整根，不伤表皮，可先刨出一半，再用力拔出。挖出后抖净泥土，去掉芦头，按主根、侧根、枝杈分别剪下晾晒，半干时按不同级别捆成小把，晒至全干。采挖甘草宜在晴天，理顺打好捆甘草要注意防雨、防水，否则容易造成甘草腐烂、发霉。

第五节　西洋参高效栽培技术

一、西洋参的生物学特性

西洋参别名花旗参、洋参、西洋人参，是名贵药用植物。西洋参主根呈圆形或纺锤形，肉质。表面浅黄色或黄白色，色泽油光，皮纹细腻。质地饱满而结实。断面干净，呈现较清晰的菊花纹理。西洋参片甘苦味浓，透喉，全体无毛。肉质根有时呈分歧状；根茎短；茎圆柱形，长约25厘米，有纵条纹，或略具棱。掌状5出复叶，通常3~4枚，轮生于茎端；叶柄长5~7厘米；小叶片膜质，广卵形至倒卵形，长4~9厘米，宽2.5~5厘米，先端突尖，边缘具粗锯齿，基部楔形，最下方两片小叶最小；小叶柄长约1.5厘米，最下方两片小叶柄较短或近于无柄。总花梗由茎端叶柄中央抽出，较叶柄稍长或近于等长；伞形花序，花多数，花梗细短，基部有卵形小苞片1枚；萼绿色，钟状，先端5齿裂，裂片钝头，萼筒基部有三角形小苞片1枚；花瓣5个，绿白色，矩圆形；雄蕊5枚，花丝基部稍宽，花药卵形至矩圆形；雌蕊1枚，子房下位，2室；花柱2个，上部分离呈叉状，下部合生；花盘肉质环状。浆果扁圆形，成对状，熟时鲜红色，果柄伸长。花期7月，果期9月。

西洋参属于阴性植物，怕强光，喜弱光、散光，生长于海拔1 000米左右的山地，适应生长在森林砂质壤土。野生西洋参生长在阔叶杂木林、树龄百年以上的天然次生林，树体高大，林内的荫蔽度为70%~80%，虽然盛夏炎热但林内凉爽宜人。目前，在我国吉林、陕西、北京、山东、河北、黑龙江、辽宁、江苏、贵州、江西、湖北等地均有西洋参栽培，已经形成东北、华北、华中、康滇四大西洋参种植和加工区域。

二、西洋参栽培技术

（一）选地整地

西洋参宜选择在海拔800~1 100米的山地阔叶林地带或肥沃的园田种植。以土层深厚，腐殖质丰富，土壤疏松利水、呈微酸性，气候凉爽而湿润，周围有水源的壤土或砂壤土为宜。过于黏重的黄泥、灰泡土、稻田或河沙、滩砂砾土,以及前茬作物为马铃薯、甘薯、茄子、辣椒、松苗地等不宜选用。在选择参地生态环境、土质等的同时,还应考虑交通、土地连片、管理方便。

参地应在种参前1年伏天选定,实行隔年休闲整地栽参。这样可通过伏天深翻、冬冻、春耕翻压绿肥等反复翻犁晒垡,彻底清除杂草、石块树根,改善土壤结构,蓄积雨水,消除病虫、草籽,促进土壤微生物活动,提高土壤肥力,创造适于种苗发芽出土及参根生长的土壤条件,有效地控制病虫害发生,提高保苗率,提高产量和质量。选好的参地,应在播种前1年的春、夏进行深耕,深度30厘米左右,休闲1年,使土壤暴晒风化。结合夏末最后1次翻犁施足底肥,拌50%多菌灵可湿性粉剂或70%代森锰锌可湿性粉剂5千克/亩,进行土壤杀菌消毒与杀虫处理,达到控制或消灭病虫源的目的。施入1 500~2 000千克/亩腐熟厩肥、100千克/亩过磷酸钙,与畦土充分混匀,整平耙细,筑成宽1.2米、深2.5厘米的高畦,作业道宽70~80厘米,畦面长度一般小于20米,或根据播、栽和阴棚棚式、地形而定。参畦一般应做成东西走向,以利排水、空气流通和接收散射光。将播种畦做成平面,移栽畦做成龟背形,畦边拍成自然斜面,参地四周应开挖排水沟与畦沟连通成网,坡地参园还要开挖"人"字形排洪沟。参园四周架设简易竹篱墙(不影响通风),以防畜、兽入园危害。

(二)西洋参繁殖方法

西洋参用种子繁殖,可育苗移栽,也可直播。

西洋参的种子属胚后熟类型,具有长期休眠的特征,因此,必须通过种子处理,使其完成形态后熟和生理后熟。西洋参种子的形态后熟最适温度为10~15 ℃。采收后的种子根据不同播种时间安排,采取相应的种子处理方法。主要方法有沙藏变温处理和自然催芽处理。自然催芽处理在生产上较沙藏变温处理推迟1年,但这种方法操作简便,后熟程度一致,出苗整齐。

沙藏变温处理:将收获的种子在脱净果肉后,用70%代森锰锌可湿性粉剂500倍液处理2小时后捞出沥水,与河沙混合(1份种子,3份湿河沙),装入编织袋中;并在房前屋后向阳利水地中挖一土坑,将参种袋埋入土壤中,上盖草防晒保湿,且每10~15天挖出检查1次,在10~15℃温度下处理60天后,其裂口率可达80%以上,胚长达4.25毫米以上。在完成形态后熟阶段之后,还须在0~5℃的低温下处理120天,才能通过生理后熟阶段而发芽,其发芽率达85%左右即可播种。直至种胚完全成熟,取出播种。此方法一是要防止鼠害,二是每袋装种不宜过多,否则易造成损失。

直播处理与自然处理原理相同,在生产上仍然推迟1年,其具体方法是:将采摘的参种(带果肉)按其播种规格直接播入参畦里,覆盖2~3厘米药剂处理后的麦秸或茅草,让其在地里自然催芽处理。但要注意,一是必须提前准备好参畦;二是播种后要经常检查参畦水分,过干要及时补水,以免种子失水时间长而造成损失;三是因种子在参地保留时间过长,要注意鸟、鼠为害。

西洋参在早春和秋末冬初均可播种。春播宜于2月至3月上旬,土壤解冻时进行;冬播宜于10月至11月上旬,土壤结冻前进行。不进行人工催芽的贮藏种子或"生种"可于当年冬播或第二年5月播种。

播种采用点播,可节省种子,使种子分布均匀、覆土深浅一致、出苗整齐、便于管理。播种前应对种子进行药剂消毒处理。播种密度以10厘米×5厘米、8厘米×5厘米、8厘米×7厘米为宜,播种深度2.5~3厘米,用种量5~6千克/亩。每穴播种2

粒，播完1畦后，及时覆盖0.5~1厘米过筛拌药的混合土盖种，覆土厚3厘米，上盖腐熟落叶或稻草等10厘米，并浇水保持湿润。整理畦边、畦沟。

(三) 移栽

西洋参移栽分冬栽和春栽。冬栽即冬季土壤结冻前的10月下旬至11月上旬；春栽即春季土壤解冻后的2月至3月。冬栽宜晚，春栽宜早。一般采用二年生苗进行移栽。

移栽密度要根据移栽苗重量分大、中、小三级，密度分别为20厘米×15厘米、(18~20)厘米×12厘米、15厘米×(7~8)厘米、20厘米×(7~8)厘米为宜。

移栽苗要坚持边挖边选、随挖随栽、分型、分级、按级分片的栽培原则进行。移栽定植前应对种苗进行药剂处理，用70%代森锰锌可湿性粉剂600~800倍液浸泡2~6小时，捞出沥水至表面无水即可移栽。

移栽采用斜栽法。在畦面上横向开沟，斜栽，保持种根与畦面成30°~45°，芽苞距畦面等高，盖土3~5厘米；每沟在参畦中部摆好苗，参根要舒展，参须要分开，栽完1行开第2沟，将土覆在第1沟上为盖土；1畦栽完，用板轻拍轻压畦面，使种根与土壤紧密接触；全地栽完，挖好排水沟，清理作业道，将土起到畦面上，呈龟背形，畦面用杀菌处理的草进行覆盖。

(四) 田间管理

1. 减薄盖草，参园消毒

在3月中旬，西洋参种子或参根越冬芽萌动前，应将畦面防寒保墒盖草减薄，提升土温。出苗后将盖草全部去掉，运出参园集中烧毁，进行清园，并及时用1%硫酸铜溶液500倍液进行1~2次参园消毒。药剂喷洒除参床外，还应喷洒作业道、地坎、参园四周、竹篱，减少和消灭越冬菌源。结合春季松土，覆盖新的盖草，以防寒保墒，防止土壤板结；夏季降低地温抑制杂草生长等。

2. 加减棚帘调光温

西洋参在春、夏、秋季对透光度和温度有不同的要求，应根据其需光、需温特点，因时制宜，在参棚上加盖树枝、竹梢、遮阳网、尼龙网、挂帘等进行光照和温度调节，以促进参苗健壮生长，提高结实率。遮阴棚透光度以20%～25%为宜，棚式有单斜棚、人字棚、平顶棚、改良平顶棚和弧形棚5种，棚高1.6～2.2米，因棚式而定，单斜棚是1棚1畦，适用于低海拔林下，或环境较湿的参园；人字棚（屋脊棚）是1棚2畦，适用于林下阴湿的参地和房前屋后的小块参地；平顶棚和改良平顶棚是1棚多畦，适宜于大块参地，省材好施工，便于管理。

防雨棚是减湿、防病保苗的关键技术措施。架设活动式防雨棚，在大雨、连阴雨时可下膜防雨，在雨后天晴揭膜散湿、纳露采光，久旱逢雨可淋雨，人为调控参棚下空气和土壤温湿度，保证西洋参的正常生长发育。防雨棚架设时间在4月底，春雨转梅雨之前。棚材用木竹棍和塑料薄膜，防雨棚有单斜棚和八字棚等。单斜棚适宜于1 100米以下的低海拔地区，以利通风，降低棚内温度；八字棚适宜于1 100米以上的高海拔地区，便于作业。制作方法：用小竹竿将根端固定在排水行的柱架上，距参畦高70～90厘米，另一端固定在人行道柱架顶端横杆上，每隔30厘米一根竹子，成一平面；然后将塑料薄膜固定在竹架上，竹竿要一上一下固定薄膜。按相同方向架设为单斜棚，两棚高端固定在同一畦沟棚架顶端即为八字棚。

3. 合理排灌

依据西洋参的需水规律，充分利用活动式防雨棚和参园排水系统，在连阴雨、暴雨时及时防雨排水，雨后若土壤湿度过大应及时卷膜，去掉围帘通风散湿。春旱、伏旱要在早、晚及时补水或淋小雨，也可在畦面加盖碎草1~2厘米厚，以保墒防旱等。同时，还应及时检查、修补防雨棚，防止雨水漏入参畦，形成局部渍水，造成湿害并因湿害引发病害的流行。雨季到来之前应整修"人"字形排洪沟，清理排水畦沟，保证参园能及时行洪、排水，降低参园湿度。

4. 拔草扶苗

参园杂草应坚持拔早、拔小，防止菟丝子等杂草为害。3~4年参畦边植株易被挤倒，应在苗床边打木桩、绑竹棍培土扶苗。

5. 追肥

西洋参生长周期长，营养生长和生殖生长重叠期长，对营养需求量大，易出现脱肥、缺肥现象，应及时进行追肥，满足西洋参对肥料的要求。展叶初期，是西洋参追肥的第一个重要时期，此期追肥对茎叶生长、开花结果特别重要。追肥办法：即在出苗后半月结合松土除草（一年生苗及移栽苗），沟施腐熟过筛饼肥或圈肥350千克/亩，盖土、灌水、盖草；3~4年生留种田的蕾期、开花期各喷施1次0.01%硼酸溶液，以促进授粉和提高结实率。

6. 疏花疏果

对2年生和非留种田的3~4年生参园，在花梗长到1~2厘米时选晴天摘除花果、花蕾，以免消耗植株的营养，保证根部营养的吸收。3~4年生留种田摘除花序中部小花，进行疏花，以集中营养、促进结实率、提高种子千粒重、培育优质种子。疏花疏果后应及时喷洒农药，防止病菌感染。疏下的花蕾果实干后作茶饮用，有较高的滋补作用。

7. 越冬期管理

冬季西洋参枯萎倒苗后，及时清除畦面的茎叶和病残组织，并喷洒抗菌农药,消灭减少越冬病原菌。上冻前收膜下帘,用备好的防寒物盖畦,防寒保墒。寒冷地区应增加防寒物厚度或利用旧农膜覆盖,防止冻害。

(五)常见病虫害防治

西洋参的病害主要有立枯病、黑斑病、疫病、锈腐病、白粉病、菌核病等,虫害有蛴螬、金针虫、地老虎、蝼蛄、稻绿蝽等。

1. 病害

1)立枯病

立枯病是西洋参一年生苗期的主要病害,一般在低温高湿条件下易发生。发病部位在幼苗茎部,多半是在距表土2~3厘米土壤干湿交界处。

防治方法:播种前用多菌灵按种子重量的0.3%进行拌种消毒;在播种前用50%多菌灵可湿性粉剂10千克/亩,或70%代森锰锌可湿性粉剂5~10千克/亩,拌入表土中5~10厘米进行土壤消毒;清除中心病株,发现病株立刻拔除,然后用50%多菌灵可湿性粉剂300倍液进行喷洒。

2)黑斑病

黑斑病主要为害叶片、茎、花梗、果实等部位。

防治方法:可用12.5%烯唑醇可湿性粉剂2 000倍液、43%戊唑醇悬浮剂5 000倍液、250克/升丙环唑乳油1 500倍液等进行防治。

3)疫病

疫病又称湿腐病,主要为害2年生以上的参株,严重时会造成大量参苗死亡。

防治方法:一是雨季前做好田间排水,防止参棚漏雨,保持畦内通风良好;二是加强田间管理,及时处理病残株;三是及时拔除中心病株(连根),拿出棚外,集中烧埋,病穴及病根周围的土壤用2%硫酸铜溶液或0.5%高锰酸钾溶液进行消毒封闭；四是药剂防治，雨季开始前每7~10天轮流喷洒80%代森锰锌可湿性粉剂600~800倍液、1∶1∶（100~200）的波尔多液、45%代森铵水剂600~800倍液等。

4）锈腐病

西洋参锈腐病是对1~4年生参苗的根、芽苞、芦头、果实等都能侵害的严重病害。

防治方法：一是选择通风、灌水方便的砂质壤土种参，参地实行隔年休闲轮作，播栽前严格做好土壤消毒；二是种子、参苗处理，可用80%代森锰锌可湿性粉剂800倍液浸泡12小时；三是加强栽培管理，结合除草、精细疏松土壤、增加通气性，多雨的地区和季节，应修畦提沟，雨棚防漏，创造西洋参最佳的生长发育环境，是控制锈腐病的关键。

5）白粉病

白粉病是为害西洋参花蕾和果实的主要病害，以果实受害尤为严重，使果实停止生长、易脱落。

防治方法：该病多发生于初果期，发病时用50%三唑酮可湿性粉剂600~800倍液或64%噁霜灵可湿性粉剂800~1 000倍液进行防治，每隔7~10天喷药1次，2~3次即可控制病害的蔓延。

6）菌核病

西洋参菌核病主要侵染3年以上的参根，幼苗很少感病。

防治方法：早春出苗前浇灌1%的硫酸铜溶液，也可在移栽西洋参之前，结合整地施肥、松土进行土壤消毒，土壤消毒常用药剂为多菌灵、多抗霉素。

2. 虫害

害虫主要有蛴螬、金针虫、地老虎、蝼蛄、稻绿蝽等。

防治方法：可用50%辛硫磷乳油250~300毫升/亩，结合灌水施入土中或加细土25~30千克/亩，拌成毒土施于床面，施后浅锄，将药剂翻入土中；或采用辛硫磷乳油等配毒饵进行诱杀；另可于清晨、傍晚采用人工捕杀和在参园周围撒石灰阻隔，进行防治。

（六）西洋参的采收

1. 西洋参适时采收

栽培西洋参的一般以4年生收获最好，也有3年或5年收获的。西洋参4年后易染病，所以大都确定在4年期收挖。收获时间可在寒露前后即9月底至10月初，当参园有半数叶片变黄时及时采挖。采挖过迟，参根呼吸作用使参根变轻，加工折干率低。

采收西洋参前，要将地上部分枯枝落叶及床面覆盖物清理干净，若床土湿度过大时，可晾晒1~2天。采挖时用钉耙细心进行，勿伤芽苞及参根，先将床头、床帮的土刨起，再由参床的一头开始将西洋参刨出，边刨边拣，抖去泥土，运回加工。起收的量应根据加工能力而定。鲜参产量为300~750千克/亩。

除收参根外，西洋参的茎、叶、花、果以及摘下的花蕾都可收取利用。西洋参茎叶在收参前割取，主要用于提取人参皂苷。当年不收参的地块在10月上旬，参叶枯萎但未着霜前采收为宜。

2. 西洋参种子采收

西洋参果实由绿色转为紫色，再转为鲜红色时，即可采收留种。采种应成熟一批，采收一批，以保证种子品质。海拔过高，种子成熟较晚的，不宜留作种用。种子产量25~40千克/亩。

第六节　桔梗高效栽培技术

一、桔梗的生物学特性

桔梗别名铃铛花、梗草、苦菜根、土人参、四叶菜等，为桔梗科多年生草本植物，全株光滑，高 40~120 厘米，体内具白色乳汁。根肥大肉质，长圆锥形或圆柱形，外皮黄褐色或灰褐色。茎直立，上部稍分枝。叶近无柄，茎中部及下部对生或 3~4 叶轮生；叶片卵状披针形，边缘有不整齐的锐锯齿，上端叶小而窄，互生。花单生或数朵呈疏生的总状花序；药萼钟状，裂片 5 个；花冠阔钟状，蓝紫色、白色或黄色；雄蕊 5 枚，与花冠裂片互生；子房下位，卵圆形，柱头 5 裂，密被白色柔毛。蒴果倒卵形，先端 5 裂。种子卵形，黑色或棕黑色，具光泽。花期 7—9 月，果期 8—10 月。

桔梗为深根性植物，根粗随年龄而增大，当年主根长可达 15 厘米以上；第 2 年 7—9 月为根的旺盛生长期。采挖时，根长可达 50 厘米。幼苗出土至抽茎 6 厘米前，茎生长缓慢，茎高 6 厘米至开花前（4—5 月）生长加快，开花后减慢。至秋冬气温 10 ℃ 以下时倒苗，根在地下越冬，1 年生苗可在 -17 ℃ 低温下安全越冬。种子在 10 ℃ 以上开始发芽，发芽最适温度 20~25 ℃，一年生种子发芽率为 50%~60%，2 年生种子发芽率可达 85% 左右，出芽快而齐。种子寿命为 1 年。

桔梗喜温暖湿润气候，耐干旱，怕积水及风害。但种子萌发时怕旱，成株忌涝。在荫蔽的环境条件下，植株生长细弱，发育不良，易发生倒伏。对土壤和温度要求不严，但宜栽培在富含腐殖质的砂壤土中。野生多见于向阳山坡及草丛中，宜栽于海拔 1 100 米以下的丘陵地带。追施磷肥，可提高根的折干率。桔梗在全国各地均有分布，主产于山东、江苏、安徽、浙江、四川、湖北等。

二、桔梗栽培技术

（一）选地整地

桔梗主要生长部分在地下，宜选择阳光充足、排水良好、土

第四章 中药材高效栽培技术

层深厚肥沃、质地疏松的砂质壤土或含腐殖质壤土为佳。前茬作物以豆科、禾本科作物为宜。入冬前深翻30~40厘米，晾晒越冬，使其充分风化。翌年春季整地施肥，于播种前施入腐熟的农家肥4 000~5 000千克/亩、过磷酸钙20~25千克/亩，深翻后放大水踏地，然后精细整平耙细，扒净作畦，畦宽1.2~1.5米，长度依地势而定。坡地要做埂，田地深开沟。

（二）桔梗的繁殖方法

桔梗的繁殖方法主要有种子繁殖、芦头繁殖、扦插繁殖3种方法。生产上常采用种子繁殖法，用种量为1~1.5千克/亩，育苗移栽用种量可适当增多。种子繁殖应注意1年生桔梗的种子俗称"娃娃种"，瘦小而瘪，颜色较浅，出苗率低，且幼苗细弱、产量低；2年生桔梗的种子大而饱满、颜色深，播种后出苗率高，植株生长快、产量高，一般单产可比"娃娃种"高30%以上。

1. 种子处理

种子直播前一般要进行种子处理，处理的方法一般有3种。一是温汤浸种法。选成熟饱满有光泽的种子在40℃左右的水中浸泡8小时，其间不断搅动，将泥土、瘪子及其他杂质漂出，然后取出，用湿布包好，放在20~30℃的温暖处，上面用湿麻袋盖好，每天早、晚间清水冲滤1次，4~5天种子露白开始萌动时即可播种。二是高锰酸钾浸泡法。用0.3%~0.5%高锰酸钾溶液浸泡24小时，取出冲洗干净药液，晾干播种。三是超声波处理法。桔梗种子用功率250瓦、频率20 000赫兹的超声波处理13分钟，其发芽率可提高2.1倍，种子产量可提高44.6%~58.9%，根产量比对照高2.2~2.7倍，并可增强植株的耐旱、抗热性能。

2. 播种方法

秋季9—10月、春季3—4月均可播种，但以秋播为好。秋播当年出苗，生长期长，结果率和根粗明显高于翌年春播。一般采用直播，也可采用育苗移栽。直播产量高于育苗移栽，且根形分叉小、质量好。生产上多采用条播，在畦面上按行距20~25厘米开条沟，深4~5厘米，播幅10厘米。为使种子播得均匀，可掺2~3倍细砂土播种，播后覆盖细土或草木灰1.5~2厘米，以盖住种子为度。下种后在畦面上覆盖稻草或麦草等覆盖物，利于保墒和防止雨水冲刷，待出苗时掀去。用种量直播为1.0~1.5千克/亩，育苗移栽为0.8~1.0千克/亩。

3. 育苗

把经过处理的种子用"陈墙土"或细砂土拌匀后撒入畦中，覆土0.6~1.2厘米，再踏平，上面盖1层杂草，保温防旱。待苗高3厘米时就可以大田移栽，株、行距33厘米×33厘米。无论冬栽还是春季移栽，大田移栽前再施1次底肥，草木灰或腐熟的农家肥。

4. 直播

3月下旬播种，播种不宜过深，一般以看不到种子为限。

5. 幼苗期管理

桔梗种小、不耐干旱，播时缺墒要浇水，以利出苗。冬播要保温，出苗后要早间苗。苗高3.3厘米时，及时去弱苗留壮苗；苗高6~10厘米时定苗。对春播的当年收药采种桔梗，1年生间苗要稍密，行距18~22厘米，株距10厘米，留苗3万株/亩左右；2年生行距22~25厘米，株距20厘米；3~4年生株、行距33厘米×33厘米。根据地力，肥田可稍稀，瘦田密一些。

(三) 田间管理

1. 间苗、补苗

苗高2厘米时适当疏苗；苗高3~4厘米时，间去过密苗及弱苗、病苗，如有缺苗断垄现象应及时补栽，栽后立即浇水，以

第四章 中药材高效栽培技术

便成活;苗高10厘米左右时,每隔5~7厘米留壮苗1株,定苗。补苗和间苗可同时进行,带土补苗易于成活。

2. 中耕除草

一般在生长期进行3~4次中耕。桔梗前期生长缓慢,应及时清除杂草,要做到早锄、勤锄和雨后必锄,以利于透气增温,促进桔梗根苗生长。结合除草进行中耕,中耕宜浅,以免伤及根部。一般第1次在苗高7~10厘米时,以后每隔1个月除草1次,力争做到随时拔除杂草。

3. 适当追施肥料

苗高6厘米后,需追施尿素3~5千克/亩,兑水60千克/亩喷施后,用清水洒株,以免烧苗;或用1:15的稀人粪尿,促幼苗生长。施肥应在清早或傍晚进行。6—9月为桔梗生长旺季,6月下旬和7月视植株生长情况应适时追肥,每次施人畜粪水1 500~2 000千克/亩、三元复合肥25~30千克/亩,于株旁开沟施入,施后覆土盖肥,并进行培土。收获前要适当控制氮肥,多施钾肥,可使茎秆和主根粗壮,还可防止倒伏。正常情况下苗期不使用氮肥,否则会造成幼苗徒长,不耐夏季的炎热、干旱,经不起风雨的袭击,因此当年的桔梗追肥应在秋分后进行。

4. 适时浇水和防止渍害

无论是直播还是育苗移栽,种子发芽出苗和苗期最怕干旱,干旱时都应浇水保苗。出苗前要勤浇水,浇小水,保持地面湿润、不板结;不要漫灌,防止将种子冲走。出苗后可浇人水。夏季高温多雨季节应及时做好疏沟排水工作。雨季田内积水,土壤湿度过大,不仅主根容易分叉,形成"水眼",影响品质等级,而且积水还易引发根腐病,桔梗很易烂根,影响产量。

5. 打顶除花

苗高10厘米时,2年生留种植株进行打顶,以增加果实的种子数和种子饱满度,提高种子产量;非留种用植株,夏季要经常摘除多余的花蕾,以减少养分消耗,促进地下根生长,防止根部养分不足,影响品质。盛花期喷施1毫升/升乙烯利水剂70~100千克/亩,1次基本可除花,增产效果显著。

(四) 越冬管理

桔梗植株生长到9月下旬,地上叶片开始枯萎黄化,进入越冬休眠状态,此时管理好坏直接影响着桔梗的春季返青。为了保证春季返青时有足够的土壤水分,于封冻前浇1次越冬水,随水施入10~15千克/亩尿素,对桔梗根系生长发育十分有利。

如果是2年生药田,在春季返青时应特别注意,若出现1株多苗,应及时摘去多余苗头,防止岔根、支根。

(五) 常见病虫害防治

1. 病害

为害桔梗的常见病害有轮纹病和纹枯病。轮纹病和纹枯病主要为害叶片,发病初期可用1:1:100的波尔多液,或50%多菌灵可湿性粉剂1 000倍液等喷施防治,每10天喷施1次,连喷2~3次。

2. 虫害

为害桔梗的虫害有拟地甲、蚜虫、红蜘蛛、蝼蛄、地老虎和蛴螬等。拟地甲为害根部,可用毒土诱杀;5—6月幼虫为害盛期,用40%辛硫磷乳油1 000倍液于叶面喷洒。蚜虫、红蜘蛛为害幼苗叶片,可用25%噻嗪酮可湿性粉剂1 000倍液或18克/升阿维菌素2 000倍液于叶面喷洒,每10天喷杀1次。蝼蛄、地老虎和蛴螬等虫害,可用敌百虫毒饵诱杀。若发现地老虎和过多蚯蚓为害根部,可将辛硫磷颗粒翻耕在土层下进行防治。

(六) 采收

桔梗的传统采收期一般在春、秋季。春季采收在清明与惊蛰之间，秋季采收在枯萎前的9月中旬，桔梗营养生长中后期为最佳采收时期，此期折干率为30%左右。

播种两年或移栽当年的秋季，叶片黄萎时即可采挖，过早影响产量，过晚根皮难除，且不易晒干。采挖季节在秋季的霜降前后，9月底至10月初为采挖适期。选择晴天，采挖前先割去茎叶、芦头，收刨时要从最后移栽的一沟开始。如遇特殊干旱或市场价格低，也可延长1年收获，但生长期不可过长，以免造成黑心或糠心，影响食用和药用价值。收挖时适当深刨，以防断根；刨出后去掉芦头，洗净泥土，不要伤根，以免汁液外溢。

第五章　其他经济作物高效栽培技术

第一节　茶树高效栽培技术

一、茶树的生物学特性

茶树是山茶科山茶属常绿灌木植物，常呈丛生灌木状；叶薄革质，椭圆披针形或长椭圆形，叶柄短，先端钝尖；花成聚伞花序，白色，花梗下弯；蒴果球形；种子棕褐色。花期9—10月，果期11月。

茶树在世界各地均有分布，生长需要合适的日照、温度、地形与水分，要求土层较厚，地下水位低，土壤肥力较高，适度遮阴，喜暖怕寒。

二、茶树栽培技术

(一) 品种选择

根据茶产业发展现状及气候环境条件，选择优质、高产、抗性强的茶树品种。集中连片30~50亩以上茶园早中晚熟品种应各占1/3为宜，为确保移栽成活率，茶苗出圃后，茶苗根系应蘸黄泥浆。

(二) 选地整地

1. 选地

选择生态条件良好，远离污染，背风向阳，土层深厚，有机质丰富,pH 值在 4.5~5.5 呈微酸性的土壤;水源充足,有灌溉条件,土地平坦或稍有坡度(25°以下),植被丰富的传统农业区域规划建园。

2. 整地

根据茶园的地形与坡度选择全垦或条垦,条垦应保持水平走向,开垦深度在 50 厘米以上。在此开垦深度内,有明显障碍层的土壤需要破坏障碍层。

平地和坡度 15°以下的缓坡地采用等高开垦,开垦坡度在≥15°以上的坡地,要修筑内倾等高梯地,梯面至少宽 1.2 米。种前未曾深垦的必须深垦,已经深垦的,则开沟施足基肥和一定数量的磷肥。

(三) 苗木栽植

1. 栽植时间

秋栽、春栽均可,但以秋栽为好。秋栽在 9 月下旬至 11 月上旬,春栽在 2 月下旬至 3 月初。就近调苗,做到茶苗随到随栽,一次栽完。未能一次栽完的,应假植。

2. 栽植密度

采用大小行条植,双行双株条植或双行单株条植。大行距 150 厘米、小行距 40 厘米,株距 33 厘米。双行双株条植的每穴栽两株,每亩栽 5 500 株;双行单株条植的每穴栽 1 株,每亩栽 3 000 株。

3. 栽植方法

随开沟随栽,沟宽、深应大于根系。一手扶茶苗,一手向沟内填土,至茶苗入土 1/3 多时,用手向上轻提茶苗使根系舒展,填土一半时用手压实土壤,扶正茶苗再继续填土至原入土高度,再用手压实土壤,表面撒一层薄松土覆盖,根茎应稍露出地面。双株栽植时苗与苗之间应保持 3~4 厘米距离,防止互相紧靠在一起，影响茶苗生长。栽后立即浇定根水。

(四) 茶树修剪

1. 定型修剪

定型修剪，培养树冠，分3次进行。

(1) 第一次在茶树种植后第二年或第三年，在距地面以上15厘米左右修剪。

(2) 第二次在第一次定型修剪的下一年，距上次剪口上方10~15厘米处修剪。

(3) 第三次在第二次定型修剪的下一年，距上次剪口上方10~15厘米处修剪。

2. 轻修剪

轻修剪宜在春茶前或春茶后进行，剪去茶蓬面的"鸡爪枝""枯死枝""病虫枝""突生枝"，一般剪去5~7厘米。

3. 深修剪

改造树冠，除去"鸡爪枝"，使之形成新的枝叶层；深修剪的深度，以"鸡爪枝"的深度而定，为10~15厘米。

一般深修剪每4~5年进行1次，而且常在春茶后或秋末冬初季节进行，减少对当年产量的影响。

4. 重修剪

衰老茶树更新复壮、重新形成高产优质树冠。

重修剪的时间以春茶后或秋末冬初进行为好，高度以离地面30~45厘米处为宜。

重修剪后为更好培育冠面，一般要进行2次定型修剪。

5. 台刈

树势十分衰老的茶树进行台刈更新，高度以离地面5~10厘米处刈割掉全部枝条。

台刈后茶树树冠培育要按照新茶园树冠培育的要求进行定型

修剪。当年留养,第二年春茶前离地 35～40 厘米进行定型修剪,以后打顶轻采;第三年春茶前离地 55～60 厘米定型修剪,夏、秋季留叶采摘。第四年起进行轻修剪。

(五) 茶园施肥

1. 肥料选择

茶树主要需要氮、磷、钾等 16 种矿质元素。氮肥促进茶树枝叶生长,磷肥提高茶叶质量,钾肥增强茶树对病虫害和寒冷的抵抗力。施肥时最好使用含有各种矿质元素养分、有机质、微生物活性菌群的茶树专用肥料或混合肥料,如有机肥、油饼、人粪尿等,以提高茶树的吸收效果。

2. 施肥量

施肥量应根据茶树的年龄、生长情况、土壤结构和吸收能力以及采收鲜叶的多少来决定。树龄大、茶根生长旺盛、产量高的茶园应多施肥。对于长期偏施化学肥料的板结土壤,则应先调土改土,再同步或逐步增加施肥量。

3. 施肥频率和时间

幼龄茶园可少量多次。一般成林茶园建议分三次施肥,第一次在秋末结合秋耕施基肥,春茶前施"催芽肥",春茶后施"夏肥"。具体日期根据当地气候和茶树生长情况调整,春肥通常在 3 月 1 日至 4 月 15 日施用,夏肥在春茶结束后修剪前施用。机采茶园根据实际情况,每次机采前追施。

4. 施肥技巧

秋季开沟施肥有助于肥料吸收且不易流失,成林茶树可以在茶丛外缘滴水线开沟施肥,斜坡上的茶树则在上方挖施肥沟。其他时间施肥以行间撒施为主。

5. 叶面施肥

叶面施肥可以及时补充茶树所需的营养元素,尤其在干旱季节或根部吸肥能力低时。叶面施肥应特别注意喷施叶片背面，因为茶树叶片背面的吸肥能力是正面的 5 倍。严禁施用含有激素的肥料，以免造成品质下降、加快树势衰落。

（六）中耕除草

1. 生产季节的耕作

中耕与浅锄，适时地保蓄水分，及时除草，减少土壤中养分、水分消耗。避免伤害根系，减少土壤板结，土壤通透性。每年应进行 3~5 次，其中必不可少的耕作如下。

春茶前中耕：3 月上中旬进行，中耕深度为 10~15 厘米，结合施化肥。春茶后浅锄：5 月中下旬进行，耕作深度约 10 厘米。夏茶后浅锄：6 月下旬，有的在 7 月中旬左右，浅锄深度 4~7 厘米，另外杂草丛生也可增加 1~2 次浅锄。

2. 非生产季节的耕作

深耕：在秋茶采摘结束后（10—11 月）进行，耕作深度 17~25 厘米，结合施有机肥。

深翻改土：茶树种植前的深翻改土，有利于茶树根系的发育，特别是对幼年茶树根分布不广时，在行间进行深翻改土。在深翻时应尽量少伤根系。

3. 机械耕作

机耕茶园应注意以下 5 点。

（1）茶园集中成片，布局合理。

（2）茶园坡度不应超过 10°。

（3）茶行长度应视地形尽量长些。

（4）树行距适当放宽至 1.6 米，配合修剪使行间留有 20 厘米左右空隙，便于机具操作。

（5）茶树不能过高，在 70~80 厘米为宜。

（七）病虫害防治

病虫害防治的原则是遵循"预防为主、综合防治"方针，综合运用多种防治措施。

1. 物理防治

（1）杀虫灯诱杀。有条件的茶园，每30~50亩安装一盏杀虫灯。灯管下端高于茶树0.2~0.3米；4月开始挂灯，天黑开灯，天亮关灯，雨天不开灯；平均2~3天于早晨关灯后用毛刷清理1次虫袋和灯具，高峰期每天清理1次，可诱杀鳞翅目、同翅目、鞘翅目等害虫。

（2）色板诱控。3—9月，每亩茶园放置15~20片黄板，棋盘式分布，色板下沿与茶叶顶端平齐，黄板诱杀粉虱、蚜虫、叶蝉等害虫。

（3）性信息诱杀。对茶小卷叶蛾、茶毛虫和茶毒蛾为害较重的茶园，可在4—10月大面积连片用性引诱剂诱杀雄成虫，3种性诱剂可以在一个诱捕器同时放置，每亩放置1个，40~60天更换一次诱芯。

2. 人工防治

对发生较轻、为害中心明显及有假死性的害虫，进行人工捕杀。

3. 生物防治

首选生物源农药防治茶假眼小绿叶蝉、茶毛虫、茶尺蠖及螨类。

4. 化学防治

根据病虫预测预报，及时掌握病虫发生情况，达标防治时有限制地选用高效、对口、低毒、低残留化学农药进行防治。禁止使用高毒、高残留及国家禁用的植保产品。使用后的农药容器、包装物应及时收回，妥善保管和处理，不得遗弃在茶园。

（八）采收

1. 采摘季节

采摘季节没有统一的划分标准，有的按时令分：清明至小满为春茶，小满至小暑为夏茶，小暑至寒露为秋茶；有的也以时间分：5月底以前采收的为春茶，6月初至7月中旬采收的为夏茶，7月中旬开始采收的为秋茶。

2. 采摘标准

手工采摘的芽叶标准：大叶种与中小叶种采摘一芽二三叶及幼嫩驻芽二三叶（含春、夏、秋茶）；机器采摘较手工采摘标准稍偏老，正常芽叶均采一芽三四叶。

3. 开采时期

手工采摘新梢须达到采摘标准的10%~20%，机采要求达到65%~75%。

4. 手采方法

根据采摘程度，手采方法可分为打顶采摘法、留鱼叶采摘法、留真叶采摘法。

（1）打顶采摘法又称打头、养蓬采，是一种以养为主的采摘方法，适用于扩大茶树树冠的培养阶段。

（2）留鱼叶采摘法是一种以采为主的采摘方法，为成年茶园的基本采法，适合名优茶和大宗红绿茶的采摘。

（3）留真叶采摘法是一种采养结合的采摘方法，既注重采，也重视留，具体视树龄树势而定。

5. 手采方式

采摘的手法因手指动作、手掌朝向和手指对新梢着力的不同，形成多种方式，主要有折采、提手采，而使用捋采、扭采、抓采等不适当的采姿，将严重影响采摘鲜叶的质量。

（1）折采是对细嫩新梢标准采摘所应用的手法。左手接住枝条，右手的食指和拇指夹住细嫩新梢的芽尖和一二片细嫩叶，轻轻用力将芽叶采下。这种方法采摘量少、效率低。

（2）提手采为应用广泛的手采方式，大部分茶区的红、绿茶，适中标准采摘，大都采用此法。掌心向上或向下，拇指、食指配合中指，夹住新梢所要采的部位向上着力采下芽叶。

第二节　棉花高效栽培技术

一、棉花的生物学特性

棉花为一年生或多年生亚灌木状草本。有时为小乔木。叶互生，掌状分裂。花大，单生于叶腋，白色至黄色或基部紫色；总苞有3~7枚大型叶状副萼，分离或连合，分裂或呈流苏状，有腺点；花萼杯形，近截平状或微5裂；花瓣大，5枚，芽旋转排列；雄蕊多数，连合成一管称雄蕊柱，有多数具花药的花丝，端截平；子房3~5室，每室有胚珠2颗至多颗。蒴果圆形或椭圆形，室背开裂；种子球形，密被白色长毛或混生有紧着种皮而不易剥离的短纤毛，或有时无纤毛。

棉花是一种喜光植物，适宜在充足光照条件下生长，光照不足会导致生长不良和结铃减少。棉花比较耐旱，但过于干旱同样会影响其生长和结铃数量，且在不同生长阶段对土壤水分有不同要求。虽然棉花对土壤酸碱度的适应性较强，但高产棉花更偏好土层深厚、疏松、富含腐殖质的壤土或砂壤土。

二、棉花栽培技术

（一）播前准备

主要是做好地块选择、残膜清理、耕整地和滴灌带选择。

1. 地块选择

棉花要实现高产，应选择地势较平坦，土层深厚，质地较疏松，通透性好，肥力中等以上，保水、保肥较好，具备机械作业条件的地块。

2. 残膜清理

前茬作物覆膜种植的，一定要在作物收获后，做好残膜和滴灌带的捡拾和回收，确保无残留和遗漏。

3. 耕整地

整地质量是实施干播湿出技术的关键措施，一定要高标准整地。推广深松、深翻技术，犁地深度28~30厘米，有条件的地块3~5年深松1次，深度50~60厘米，打破犁底层，改善土壤耕层结构，促进根系发育。使用分流式平地机对角整地，做到上虚下实、土壤细碎、边角整齐、地面平整、无残茬残膜。

4. 滴灌带选择

要根据土壤质地选择滴头流量（2.2~2.6升/时）及滴孔间距（25~30厘米）适宜的滴灌带。

（二）品种选择

根据当地生态特点因地制宜选择适合本地种植的优良品种。如"国欣318""湘丰3号""FZ031"，以及"新陆早"系列，长绒棉的"新海棉""湘C176"等优良品种。

（三）播种管理

1. 适时早播

一般而言，4月10—20日这段时间，当地表以下5厘米地温保持在 13~14 ℃时便可及时开展播种工作,这对于棉花正常萌芽生长是非常有利的,并且在播种时要确保均匀下籽,深浅一致,播行通直,接行准确,深度以 3 厘米为最佳,土壤墒情较好,覆土厚度 1 厘米。

2. 播种

与地块具体实际充分结合,科学选择播种方式,对播种量做出准确控制,提高发芽率和成活率,有效保证棉花健康生长,现如今主要运用宽膜或超宽膜膜上点播技术,即 2 膜 12 行、3 膜 12 行等播种方式,播种量为每亩 5 千克。

3. 合理密植

保证地力、光能充分利用,并充分利用生长季节。其管理目标为:每亩理论株数 1.8 万株左右,收获株数 1.6 万株,株高 65 厘米,果枝数 8~10 个。在这个基础上,结合土壤土质情况科学调整,土壤肥力条件较好的应当稀植,肥力较低的地块密植,不可保留双株。产量结构:每株结铃 6 个左右,每亩总铃数应当达到 8.5 万个。

(四) 定苗

植株生长出第一片真叶时及时定苗,并在长出第二片真叶时结束,生长健壮的大苗,将长势不好的弱苗去除,不可留双株或者多株,确保苗匀、苗齐、苗壮,两端部位存在缺苗现象的,及时补苗,也可保留双株,避免高脚苗的形成。

(五) 早中耕、深中耕

早期阶段进行中耕工作,能够提高棉田温度 1 ℃左右,确保棉花根系健康发育,为幼苗健康生长奠定良好的基础。进入蕾期之后,棉花生长速度不断变快,这时及时进行中耕,能够合理控制植株旺长,因此在棉花播种、定苗、现蕾这段时间进行 2~3 次中耕,有效增加地温,促进壮苗早发。首次中耕应当于棉花播种之后开展，深度达到9厘米左右，棉花现形这段时间进行第二次中耕，深度控制11厘米左右，中耕工作开展过程当中，不能伤及棉花植株、不可铲苗或者埋苗。蕾期开展第三次中耕工作，深度控制在17厘米左右，与中耕工作充分结合，把地块当中的杂草及时去除，并在棉花播种以及出苗之前，考虑杂草类型运用除草剂进行除草。

（六）全程化学调控

以密植增产为核心，根据棉花长势长相，科学使用缩节胺进行系统化调，塑造合理株型和群体结构。

一是子叶期化调。在子叶平展时喷施，促进生根。

二是苗期化调。防止大小苗，促进侧根发育和花芽分化，提高棉花抗旱、耐盐碱能力；调节第一果枝节位高度，将始果枝节位高度控制在20~22厘米。

三是蕾期化调。调节主茎节间长度在5厘米左右，协调营养与生殖生长关系，搭好丰产架子。

四是花铃期化调。塑造合理株型和群体结构，防止上部果枝伸长，造成郁蔽。

五是打顶后化控。防止腋芽生长，控制顶端优势，保障通风透光，促进营养物质向棉铃转移。

（七）水肥前移

通过早进水、早施肥，实现促苗早发。

一是提前滴头水时间，弱苗田更应提前滴头水，促进弱苗升级。

二是滴水时分别加尿素和磷酸一铵3~5千克。

三是滴水前2天使用缩节胺进行化调，防止植株旺长。

（八）适时打顶

打顶是决定棉花纤维发育、实现纤维品质一致性的关键措施。

一是早打顶。根据花位、果枝台数和棉铃吐絮时间确定打顶时间。

二是合理确定打顶方式。亩有效果枝台数达到11万~12万台的棉田，可采用化学打顶；单株果枝台数少于9台、亩有效枝台数不到10万台的棉田要采用人工打顶。

(九) 科学脱叶

喷施脱叶剂是影响棉花品质的一项关键措施。

一是根据棉花长势长相、吐絮情况，一般在棉花吐絮率达到30%~40%时喷施脱叶剂。

二是使用安装有分禾器的吊杆式喷雾机进行喷雾作业，确保棉花上、中、下部叶片均匀附着药液，提高脱叶率。密度大的棉田可分次施药，两次间隔5~7天。严禁使用无人机喷施脱叶剂。

(十) 适时防治病虫害

棉花生育期长，为害棉花的病虫害较多，需要加强防治工作。一旦发现有棉铃虫、红铃虫、蓟马、红蜘蛛、蚜虫、黄萎病等病虫害，及时用甲维·茚虫威、烯啶·吡蚜酮、啶虫·哒螨灵、阿维·氟铃脲、苯甲·丙环唑、多菌灵、甲基硫菌灵、乙蒜素等喷雾。

(十一) 采收

一是采收前准备。适时停水停肥，及时清除滴灌设施，以便采棉机作业。

二是采收条件。棉株脱叶率达到90%以上、吐絮率达到95%以上时进行机械采收。

三是控制采收质量。优先选择打包式采棉机进行棉花采收作业，防止异性纤维污染籽棉，严禁夜间采收、籽棉掺水掺杂，严控棉花采收质量。

(十二) 残膜回收

棉花采收后,采用残膜回收机一次性完成秸秆还田、起膜、上膜、清杂、脱膜、残膜打卷或装箱等全套作业程序。当季农田地膜回收率85%以上、秸秆粉碎长度<10厘米。残膜回收应尽量降低回收地膜的含杂率,为地膜的回收再利用提供条件。

第三节 山药高效栽培技术

一、山药的生物学特性

山药为多年生缠绕草本。山药的地下肉质块茎是其主要的食用部分,形态多样,包括棍棒状、掌状和块状三类,表皮粗糙,颜色多为淡黄褐色或黑褐色。地上茎细长,缠绕生长,叶腋间常生有珠芽(气生块茎),亦称零余子(山药蛋),可用来繁殖和食用。

山药适应性较强,有喜温、喜肥、耐寒、忌积水、怕干旱的特性。生长期适宜温度20~30 ℃;30 ℃以上则抑制生长;出现霜冻时地上部分枯萎,而根茎能越冬。光照不足时藤蔓徒长,根茎细而短。山药种子不易发芽,珠芽和根茎均能繁殖。

二、山药栽培技术

(一) 栽培季节和茬口

山药的生育期较长,一年只种一茬。3月下旬开始催芽育苗,5月底至6月上旬定植,10—12月采收。为了避免连作病害，建议 2~3 年轮作 1 次。前茬可以选择接小麦、越冬菠菜、越冬白菜等作物。在山药行间早期可以套种早茄子、早辣椒、春萝卜、春菠菜和白菜类等作物，也可以与瓜豆间套作。

（二）选地整地

山药地下根茎发达，土壤养分消耗大，宜选择地势高燥，土层深厚，疏松肥沃，避风向阳，排水流畅，酸碱度中性的砂质土壤，低洼、黏土、碱地均不宜栽种。

山药种植分平畦和高垄种植。平畦种植，选择种植地机械开沟，形成垄宽 80 厘米，深松 80~100 厘米的种植带，灌水踏实，参照高垄种植方法沟内施肥，做成平畦，顺种植带开沟、栽种。高垄种植，冬前或前作收获后，选择种植地灌水，一般亩施腐熟的有机肥 3 000~4 000 千克，饼肥 100 千克和复合肥 50~150 千克，机械开沟，形成垄宽 80 厘米，深松 80~100 厘米的种植带，于垄上开沟、栽种。

（三）繁殖方法

山药生产中多为无性繁殖。繁殖方法主要有芦头繁殖、零余子繁殖和根茎繁殖 3 种。

1. 芦头繁殖

芦头繁殖又称顶芽繁殖，芦头即山药根茎上端有芽的一节。秋末挖取山药时，选择根茎短、粗细适中、无分枝，无病虫害的山药，将上端芽头部位长约 20 厘米切下作种（即芦头）。芦头剪下后，南方放在室内通风处晾 6~7 天，北方可在室外晾 4~5 天，使表面水汽蒸发，断面愈合，然后放入地窖内（北方）或在干燥的屋角（南方），一层芦头一层稍湿润的河沙，共铺设 2~3 层，上盖草防冻保湿。贮藏期间常检查，及时调节湿度，至第二年春取出栽种。

2. 零余子繁殖

零余子繁殖又称珠芽繁殖,零余子为山药叶腋处着生的珠芽,数量多,繁殖系数高。一般于9—10月零余子成熟后采摘,或地上茎叶枯萎时拾起落在地上的零余子,晾2~3天后,放在室内竹篓、木桶或麻袋中贮藏,室温控制在5℃左右,第二年春取出后播种。

3. 根茎繁殖

根茎繁殖是将鲜山药切成8~10厘米长的段,切口涂上草木灰,晾晒3~5天,至伤口愈合,按照芦头繁殖方法栽种于田间。

(四)播种方法

当5厘米地温稳定在10℃以上栽种山药芦头。华北地区一般在4月中下旬。取出沙藏的芦头,选择优质芦头种苗放在阳光下晾晒5天,晒至断面干裂,皮呈灰色,能划出绿痕为佳。然后用50%多菌灵可湿性粉剂300倍液浸种15分钟,晾干后栽种。行距40~60厘米,株距15~20厘米。栽植时,开8~10厘米深沟,将芦头朝同一方向水平放于沟内,株距以两芽头之间的距离为准,覆土6~8厘米并踩实,耙平。

零余子繁殖常采用沟播。华北地区4月上中旬开沟栽种,在做好的畦内按行距20~30厘米开沟,沟深3~4厘米,将优质零余子种苗按株距10~12厘米播于沟内覆土压实浇一次透水,15~20天出苗。当年可收获小山药,第二年做种栽。

(五)田间管理

山药田间管理技术包括中耕除草、设立支架、追肥、排灌水及整枝等。

1. 中耕除草

5月上中旬,幼苗出土后浅中耕松土除草,注意勿损伤芦头或种栽;6月中下旬,茎蔓上架前深锄一遍;茎蔓上架后若不能中耕，人工拔草。

2. 设立支架

在行间用竹竿或树枝搭设支架，每两行搭设一个支架，架高2米，然后将茎蔓牵引上架。也可用尼龙网做支架，在两个支撑物之间拉一条尼龙网，省工，省时，且不易倒伏。如用上年使用过的支架要消毒处理，避免病菌传播。

3. 追肥

苗高30厘米时结合中耕除草，每亩追施纯氮7千克（尿素15千克）；茎蔓生长旺盛时期，每亩再增施纯氮8千克（尿素15千克），施后浇水。根茎膨大期，叶面喷施0.3%磷酸二氢钾溶液2~3次，促进地下根茎迅速膨大。

4. 排灌水

山药忌涝，雨季要及时疏沟排出积水；干旱时及时灌水，立秋后灌一次透水促山药增粗。

5. 整枝

山药栽子一般只出一个苗，如有数苗，应于蔓长7~8厘米时，选留一条健壮的蔓，将其余的去除。有的品种侧枝发生过多，为避免消耗养分和利于通风透光，应摘去基部侧蔓，保留上部侧蔓。

(六) 常见病虫害防治

1. 病害

1) 炭疽病

炭疽病主要为害茎叶，受害茎叶产生褐色下陷小斑，有不规则轮纹，上生小黑点，雨季严重。

防治方法：忌连作，和其他作物实行2~3年轮作，越冬前将病残体及时清除，在种植前对土壤消毒，种植时增施磷、钾肥，增强植株的抗病力，发病时用70%甲基硫菌灵可湿性粉剂

1 000倍液喷雾防治。

2）根腐病

根腐病主要为害山药的根茎部位。植株在发病初期藤茎基部位置出现褐色小斑点，随着时间推移，病斑逐渐扩大并变为深褐色，病斑中心位置凹陷。发病严重时病斑有褐色霉丝状物，根茎萎缩腐烂，最终导致植株死亡。防治方法：该病主要通过土壤和带病的肥料传播，在高温高湿环境极易发病，轮作，收集病残物清理干净，种植前对种子土壤全部消毒一次，发病时用75%百菌清可湿性粉剂600倍液灌根处理。

2. 虫害

有蛴螬、地老虎等虫害，可用90%敌百虫原药100倍液或用50%辛硫磷乳油50克拌鲜草5千克制成毒饵诱杀。

(七) 采收

通常在山药地上部分枯萎或半枯萎时采挖，用芦头栽种的当年收获，用零余子种植的第2年收获。采挖时间一般北方在10月下旬左右，南方则在12月至翌年2月。采收前拆去支架，割去藤茎。人工采挖于垅（畦）的一端，开始顺行深挖，要注意防止损伤根茎。挖出后，除净泥土，折下芦头贮藏作种，其余部分加工成商品。机械收获可提高收获效率，减少用工成本，目前已在山药生产中开始应用，也是今后发展方向。

第四节　甜菜高效栽培技术

一、甜菜的生物学特性

甜菜是藜科甜菜属二年生草本植物，根圆锥至纺锤状，多汁。茎直立，基生叶矩圆形，长叶柄，上面皱缩不平，下面有粗壮凸出的叶脉，全缘或略呈波状，叶柄粗壮，茎生叶互生，较小，花团集，花被裂片条形或狭矩圆形，胞果上部稍肉质。种子双凸镜形，红褐色，5—6月开花，7月结果。甜菜原产于欧洲西部和南部沿海，我国主要分布在新疆、内蒙古、黑龙江等地。

二、甜菜栽培技术

(一) 选地与整地

1. 选地

优质地块是保证甜菜高产的基础和前提。甜菜种植一定要选择土壤肥沃、地势平整、排水良好，而且最好是4年以上没有种过甜菜的小麦、玉米、马铃薯、瓜菜等茬口，以避免重迎茬。选地时要避开排水不畅的低洼地、易旱地和地下害虫与根腐病较严重的地块。另外，4年内施用过绿黄龙、豆黄龙、普施特等除草剂的地块禁止种植甜菜，否则会对甜菜产生很大的药害。

2. 整地

甜菜是深根作物，因此，整地时要深松浅翻，达到上实下暄。最好选择秋整地，而且是连续作业，及时镇压，保住墒情。深松应达到35厘米，打破犁底层，使得土层松软，避免有夹干层和大的土块。

(二) 良种选择及处理

应选择优质、高产、抗逆性强、含糖量高的品种。播种前需要晒种2~3天，以提高发芽率。在药剂处理时，可选用50%福美双可湿性粉剂拌种，能有效防治病虫害。

(三) 播种

适时早播能有效延长甜菜的生长期，保证甜菜获得高产。实践证明，在播种条件适宜的情况下，如果播期向后推迟一天，使甜菜减产 20~40 千克。因此，必须结合本地的气候条件，选择最佳时间播种，以免延误农时。适时早播不但可以延长甜菜生长期、提升产量，而且还能抓住墒情利于出全苗与壮苗，同时增强其抗病虫害与抵御霜冻的能力。

播种后要及时进行镇压，这样会使得种子与土壤接触紧密，从而利于土壤下层的水分上升。在镇压的时间与方法上，应根据土壤的实际状况而定。土壤黏重、含水量大，可轻微镇压；反之，土壤较为干燥疏松，孔隙度较大，加之天气干旱，则要立即进行镇压，而且压实程度要重一些。

(四) 合理密植

合理密植是保证甜菜获得高产的重要措施。有效的合理密植能使甜菜充分利用土壤中的养分和肥料的吸收率，同时降低水分的蒸发，促进光能的利用，以期达到高产的目标。实验证明，种植密度在 3 000 株左右时，亩产 3.8 吨左右；种植密度在 6 000 株左右时，亩产 4.4 吨左右，两者相比，亩增产 600 克，增产率近 16%。由此可以看出，增产效果明显。

(五) 科学施肥

科学而有效的施肥就是优质农家肥与化肥混合施用。氮、磷、钾实施合理配方；底肥与种肥结合施用。优质农家肥每亩不少于 2 000 千克，再配施专用肥 45~50 千克。种植户可以自行配肥，具体比例是：尿素 12 千克，硫酸铵 25 千克，硫酸钾 13 千克，如果所种植地块肥力不足，还可酌情增加肥料比例。如遇到土壤缺硼的情况，可叶面追施硼砂 0.5~0.75 千克。

(六) 加强田间管理

1. 查田补苗

在种子出苗前注意查看种子萌动及发芽情况，如发现有芽干现象应随时进行坐水补种，纸筒育苗栽后如发现缺苗要立即进行补栽。

2. 灌水保全苗

纸筒育苗移栽后，如果出现干旱情况要及时进行喷灌，不能使苗期断水，否则不但影响幼苗生长，也很难促成壮苗。直播甜菜播种后，如遇到干旱，要立即进行沟灌或喷灌。

3. 及时间苗和定苗

待长出1对真叶时就要实施间苗，每垵可留2~3株；2对真叶时进行定苗，每垵留1株壮苗即可。

4. 中耕除草

第一次中耕时要进行垄沟深松，做到三铲三趟，秋后拔大草。

5. 及时追肥

定苗后在垄侧每亩追施尿素8~10千克，化肥与苗的距离要达到7厘米以上，追肥期不能超过6月下旬。缺硼的田块可选在定苗2周后补硼，每公顷20%速效硼15克，加叶面肥兑水300千克进行叶面喷施，连喷2~3次，每次相隔10~12天。

(七) 常见病虫害防治

1. 病害

1) 霜霉病

霜霉病是甜菜的一种常见病害，主要表现为叶片上出现黄色斑点，严重时叶片变黄、枯萎。

防治方法包括选用抗病品种、加强田间通风透光、避免连作等。发病初期可喷洒杀菌剂，如甲基硫菌灵、百菌清等，每隔7~10天喷1次，连续2~3次。

2）根腐病

根腐病主要由土壤中病菌引起，导致甜菜根部腐烂。

防治方法包括轮作倒茬、避免重茬种植、加强土壤消毒等。发病初期可用甲霜灵等药剂灌根，每株用药液100毫升左右。

2. 虫害

1）蚜虫

蚜虫是甜菜常见的害虫之一，主要为害甜菜叶片和幼苗。

防治方法包括及时清除田间杂草、利用天敌防治等。化学防治可用吡虫啉、啶虫脒等药剂喷洒，每隔7~10天喷1次，连续2~3次。

2）甜菜夜蛾

甜菜夜蛾是甜菜的主要害虫之一，主要为害甜菜叶片和根部。

防治方法包括使用生物防治，如释放赤眼蜂等天敌，化学防治可用阿维菌素等药剂喷洒，每隔7~10天喷1次，连续2~3次。

（八）采收

甜菜的最佳收获时间为根部充分膨大，叶片变黄时，通常在10—11月。收获前应停止灌溉，保持土壤干燥。在收净滴灌带后，采用甜菜专用收获机，用甜菜打秧机、甜菜起播机，一次性完成收获。也可以采用机械起拔，人工捡拾切削，做到随起拔、随切削、随堆积、随保藏，确保丰产丰收。

第五节 甜高粱高效栽培技术

一、甜高粱的生物学特性

甜高粱是禾本科一年生植物。须根较粗,常于秆的基部具支撑根。秆粗壮,高2~4米,多汁液,味甜。叶长约1米,宽约8厘米;叶舌硬膜质;叶鞘无毛或有白粉。花序紧密或稍紧密;花序梗直立;花药长3~4毫米。颖果成熟时顶端或两侧裸露,稀完全为颖所包,椭圆形至椭圆状长圆形;种胚明显,椭圆形。有柄小穗披针形,长4~6毫米,雄性或中性,宿存,无芒。花果期6—9月。

甜高粱喜温暖,具有抗旱、耐涝、耐盐碱等特性,在全球大多数半干旱地区都可以生长。对生长的环境条件要求不太严格,对土壤的适应能力强,特别是对盐碱的忍耐力比玉米还强,在pH值5~8.5的土壤上甜高粱都能生长。甜高粱在10℃以上积温达2 600~4 500 ℃就可以生长。

二、甜高粱栽培技术

(一) 整地施肥

甜高粱对土壤的适应性很强,但以富含有机质、土层深厚的壤土为最好。甜高粱幼苗顶土能力较差,播前应深耕细整,以促进土壤熟化和改善土壤结构,为种子发芽和出苗创造适宜的土壤环境,保证耕地土块细碎,无大坷垃。结合整地深施腐熟有机肥3~4吨/亩、磷酸氢二铵10~20千克/亩、尿素10千克/亩、复合肥50千克/亩。

(二) 播种

1. 播种时间

甜高粱春播可以充分利用无霜期提高产量,当土壤耕层5厘米深的日平均地温稳定达到或者超过10 ℃时即可播种,一般为4月中旬至5月上旬。播种过早,地温低,出苗较慢,而且气温不稳定,苗期可能会受到春寒冻害;在土壤低温高湿时容易造成"粉种""烂种"。在生产上做到低温高湿看温度,干旱无雨抢墒播种。夏播宜早,至收割前应留足70~90天的生长时间,以免影响产量。

2. 播种方式

(1) 条播。可用播种机播种,行距为30~50厘米,但在贫瘠的地块种植,可适当加大行距到70厘米(条播操作方便,不用间苗,如收割2次制作青贮,可用大行距,让其充分长粗长高,生物产量高;如收割3次以上鲜饲或制作干草,可用小行距,以免茎秆过粗影响饲草品质)。

(2) 点播或穴播。每穴播2~3粒种子,株距10~20厘米,行距30~50厘米。每亩保苗8 000~10 000株。

3. 播深

要做到深浅一致,覆土均匀;在黏土上为2~3厘米,在砂壤土上为2~4厘米。土壤墒情好时浅播,墒情差时深播;春播时如温度较低,播种时可稍深。出苗前如遇降水造成田块板结时,用轻型钉齿耙进行耙地,破除板结,深度以不超过播种深度为宜,以免造成土壤干燥而影响种子发芽。

4. 播种量

一般每亩播种为1~1.5千克,播量不宜太低,以免影响第一茬草的产量和茎秆加粗影响草质。

(三) 田间管理

1. 检查苗情

当幼苗长出 5 片叶时若还缺苗断条,可在植株较密的地方挑选健壮的植株,进行坐水带土移苗补栽。补苗后对其偏施肥水,促其迅速赶上正常苗。

2. 中耕除草

甜高粱苗期会有杂草,可中耕除草;分蘖后甜高粱生长速度快,基本不受杂草影响。播后苗前可用阿特拉津实行土壤封闭,出苗后可用 2,4-滴等除草剂防除阔叶杂草。第一次除草在幼苗 2~3 叶时。第二次当幼苗长到 4~6 片叶时结合定苗进行。第三次视土壤墒情、气候及杂草生长情况,于拔节期进行。

3. 水肥管理

土壤水分状况越好,施肥量越大,肥效越好。氮肥主要用作追肥,磷肥可作为基肥一次性施入,钾肥可追肥也可作为基肥。

苗期通常不进行灌溉,适当蹲苗有助于提高植株耐旱性。苗期追肥一般情况亩施氮肥 20 千克即可,这样有利于促进支持根的生长,增强吸收能力,防止倒伏。根据苗情长势情况决定追肥量的多少。拔节阶段,遇干旱须进行灌溉,可结合灌溉进行追肥。每次收割之后及时追肥有利于茎叶再生,旱地可掌握雨情在雨前追肥。

(四) 病虫害防治

播种时,如有地下害虫为害,整地起垄后用 40%辛硫磷乳油或用 5%辛硫磷颗粒剂防治地下害虫。

甜高粱易受蚜虫和螟虫为害,大多数甜高粱品种对有机磷农药过敏,一般用溴氰菊酯、氰戊菊酯、氯氰菊酯或无公害农药防治。生长期有蚜虫,可用 2.5%溴氰菊酯乳油 3 000 倍液或 20%氰戊菊酯乳油 5 000~8 000 倍液防治。

甜高粱抗病性较强，一般预防性杀菌剂即可防病；田间若发现少量病株，可以及时拔除，随即掩埋。

（五）采收

甜高粱籽粒成熟时其茎秆中糖分含量同时达到最高，若植株成熟期遇霜冻，茎秆中的糖分就会流失，要适时收获。蜡熟末期，籽粒干物质积累达较大值，茎秆含糖量高，出汁率高，是收获时期。收获方法，先用镰刀在距地面10厘米处把茎秆砍断、放倒，砍下高粱穗，去除叶片即可。作牧草用的，可在生长期为40~45天时收割，以利二茬生长。

参考文献

陈义,沈志河,白婧婧,2019.现代生态农业绿色种养实用技术［M］.北京:中国农业科学技术出版社.

刘慧纯,2020.果树栽培实用新技术［M］.北京:化学工业出版社.

谭芸,2022.中药材高质高效栽培技术［M］.武汉:湖北科学技术出版社.

王迪轩,2019.现代蔬菜栽培技术手册［M］.北京:化学工业出版社.

王金华,2018.粮油作物栽培技术［M］.成都:电子科技大学出版社.

王渭玲,盛晋华,王良信,2017.实用中药材栽培技术［M］.北京:科学技术文献出版社.

赵冰,2020.中国山药［M］.北京:中国农业大学出版社.